NARRATIVAS
DO HUMANISMO

Do autor:

Notícias do mundo
Os cinco sentidos
Hominescências
Variações sobre o corpo
O incandescente
Júlio Verne: a ciência e o homem contemporâneo
Ramos
A guerra mundial
O mal limpo: poluir para se apropriar?
Polegarzinha
Narrativas do humanismo

MICHEL SERRES
DA ACADEMIA FRANCESA

NARRATIVAS DO HUMANISMO

Tradução
Caio Meira

BERTRAND BRASIL
Rio de Janeiro | 2015

Copyright © Éditions Le Pommier, 2006

Título original: *Récits d'Humanisme*

Capa: Simone Villas-Boas

Imagem de capa: © iStock.com/livetalent

Editoração: FA Studio

Texto revisado segundo o novo
Acordo Ortográfico da Língua Portuguesa

2015
Impresso no Brasil
Printed in Brazil

Cip-Brasil. Catalogação na fonte
Sindicato Nacional dos Editores de Livros, RJ.

S51n	Serres, Michel, 1930- Narrativas do humanismo / Michel Serres; tradução Caio Meira. – 1. ed. – Rio de Janeiro: Bertrand Brasil, 2015. 304 p.; 21 cm. Tradução de: Récits d'humanisme ISBN 978-85-286-1911-9 1. Filosofia francesa. 2. Humanismo. 3. Teoria do conhecimento. I. Meira, Caio. II. Título.
14-17429	CDD: 194 CDU: 1(44)

Todos os direitos reservados pela:
EDITORA BERTRAND BRASIL LTDA.
Rua Argentina, 171 – 2º andar – São Cristóvão
20921-380 – Rio de Janeiro – RJ
Tel.: (0xx21) 2585-2070 – Fax: (0xx21) 2585-2087

Não é permitida a reprodução total ou parcial desta obra, por quaisquer meios, sem a prévia autorização por escrito da Editora

Atendimento e venda direta ao leitor:
mdireto@record.com.br ou (0xx21) 2585-2002

SUMÁRIO

Três fragmentos da grande narrativa 11

Eu: narrativas subjetivas 43

Nós: narrativas coletivas 113

Todos: narrativas objetivas e cognitivas 189

Três narrativas de hominização 265

A Florence

Eis o volume final da tetralogia iniciada com *Hominescências*. Continuada com *O incandescente* e *Ramos*, esta série tem como tema, e poderia ter como título, **A Grande Narrativa**.

TRÊS FRAGMENTOS DA GRANDE NARRATIVA

Não longe do istmo de Suez, há mais de 100 mil anos, tempo e locais incertos, uma tribo de africanos, atentos e agachados em torno do fogo, acampava. Interrompendo subitamente discussões intermináveis, um punhado deles, excitado, se levantou, decidido a abrir caminho em direção ao sol nascente: para ver, diziam uns, para brincar, não diziam outros, para assegurar melhor caça, diziam os mais sábios, para conhecer, talvez. Sempre partimos numerosos para um objetivo preciso? A noiva de um, as mães de vários, os chefes do clã, sacerdotes severos, idosos fatigados... exigiram desajuizados que eles teriam de voltar para junto deles, se não na mesma noite, pelo menos o mais rápido possível, um para preparar seu casamento, outros para assistir o grupo em sua vida cotidiana. Em que língua teriam eles dito adeus e quem, com o coração saltando, derramou, naquela manhã, que lágrimas?

Estou contando descaradamente algo que ignoro, pois não sei se naquela época se faziam casamentos, nem se já se suportavam os chefes, com que idade se morria, assim não posso dizer que rugas se marcavam na testa dos anciãos. E essa tribo sabia como fazer fogo? Sobretudo, olhando à frente, será que consigo imaginar os espaços virgens de um planeta, já idoso, com quatro bilhões de anos, invadido pela vida há quase tanto tempo, e porém sem outros homens vivendo para além desse acampamento até o momento dessa partida? Posso pintar essa terra sem caminhos, com suas plantas que não foram pisadas, seus quadrúpedes pouco selvagens, tão perigosa e envenenada quanto uma floresta pluvial, zumbindo de pássaros multicoloridos que pousam e piam nos ombros? Posso reabrir, nesse dia, o universo então aberto?

Quatro quintos de minha narrativa nadam portanto no imaginário ingênuo; mas, quanto ao restante, assevero com tanta certeza quanto o fato de vivermos todos, hoje, como sobreviventes desse episódio incontornável, que podemos chamar de fundador, já que, em si, inicia nossa explosiva expansão. Impossível imaginar um só homem no resto do mundo sem essa circunstância. Mais ainda, contarei várias vezes a mesma cena primitiva, a qual ninguém pode doravante negar que ela deve ter se repetido, aqui e ali, em tantas latitudes.

Ora, portanto, naquela noite, nesse istmo entre dois mares, o pequeno grupo desapareceu, tragado ao longe pelo horizonte: pessoas exaltadas, entusiastas, desesperadas, vítimas de pesares ou de desprezo, amorosos enlouquecidos e frustrados, devedores, renegados, flibusteiros, assassinos buscando esconder seu horrível segredo de seus próximos, alguns adultos mais sábios e amadurecidos, jovens, mulheres e homens, misturados em seus sofrimentos amorosos, mas não os velhos. Vendo-os partir sem encontrar muita razão e sem confessar estarem felizes por se verem livres de um contingente de excitados, pois pesavam para sua autoridade, os chefes, mães e noivos esperaram, impacientemente segundo diziam, por seu retorno.

Continuem a triar nessa narrativa os elementos, numerosos, de um cenário conveniente e aqueles, raros e certos, sobre os quais, ao contrário, abundam testemunhos. De fato, sua verdade plena depende de sua escala de duração: nem a vida humana nem a história no sentido usual poderiam abraçá-la; para aceder às condições que permitem contá-la, faltam-lhes dezenas de milhares de anos. Decifradores e leitores do carbono

14, de mil fósseis, do código genético... só podemos dizê-lo hoje, quando esses meios nos situam altos o suficiente para observar, daqui, os momentos-chave, entre os quais esse, atrás das circunstâncias recobertas pelo esquecimento, e então para que possamos usufruir desse conto, inaudito aos ouvidos de nossos pais.

Retomo a sequência. Os aventureiros demoraram. Eles foram tão esperados que foram menos esperados. Os idosos morreram. Crianças nasceram sem poderem ter a menor lembrança dessa separação. As moças se casaram ou perderam o viço, os chefes se sucederam tomando com frequência decisões tão opostas às de seus predecessores que a continuidade da tradição falhou. Uma paciência inicialmente descrente e, por fim, o esquecimento negro tomaram o lugar da esperança. Sismos, lutas contra predadores e tribos vizinhas, todo o cotidiano, atormentaram a fração que os viajantes haviam deixado.

Veio um tempo em que ninguém mais tinha ideia dos que naquela noite haviam desaparecido sem razão no horizonte, cujos traços, na semana seguinte à partida, um furacão havia apagado totalmente; assim, perdidos, eles nunca mais encontraram, na selva espessa, o caminho de volta. Teriam eles de fato o procurado, já que cada um ou quase tenha se recusado a dizer a que ponto a partida aliviava seus ombros?

Nada mais cruel do que a separação, nada permanece mais nas consciências, na carne negra a mais negra do esquecimento; nada, porém, evapora tão rápido das memórias. Quanto mais dura a coisa, mais profunda a amnésia. Nós nos lembramos de nosso nascimento, do nosso aleitamento, do parto em que surgiu nossa irmã caçula? Temos memória apenas para os menos graves dos dilaceramentos. Mas sofremos em virtude deles na proporção das profundezas em que os primeiros jazem adormecidos, porém tão escaldantes quanto o coração do planeta. Minha narrativa dispensa o conhecimento de mil detalhes, mas se alimenta nesse saber tão seguro, tão universal quanto doloroso.

O que ocorreu com aqueles viajantes para o Sinai e além, tão presentes e tão perdidos quanto essas lembranças? Como hoje conhecemos a resposta, gigantescamente longa, para essa questão, podemos enfim colocá-la, ou ainda melhor, contar a narrativa da peripécia por ela suscitada: esquecidos dos africanos que ficaram em suas terras, esquecidos da África, de seu berço comum, seus descendentes povoaram a Irlanda e o Japão, a Carélia e a Ilha de Páscoa. Vivemos quase todos como os resultados dessa decisão. Retornaremos a isso.

Há alguns anos, numa bela noite, eu estava numa pequena praça, no centro de Alice Springs, cidadezinha australiana em meio ao *outback*, eu era a única cara pálida entre os poucos aborígenes miseráveis, largados em bancos, bêbados em sua maioria. O sol baixava, eu não tinha nada melhor a fazer do que olhá-los sorrindo e fazendo chacota de mim. Lembrei-me então de uma cena semelhante, mais recente, já que data de apenas 60 mil anos, e que sem dúvida se desenvolveu, em tempo e local incertos, na direção do extremo oriente das ilhas de Sonda, num vilarejo de pescadores, em Timor ou Tanimbar, no mar de Arafura. Em todas as partes, torno a inventar esse pequeno lugarejo, essas cabanas cônicas com telhados de palha, essas construções em tábuas acima das lagoas, essas longas redes nas praias que as mulheres reparam esperando o desembarque dos homens, sintam o aroma dos peixes que elas cozinham, esqueçam-se de que nada sei dos juncos a bordo dos quais os nativos desses locais e dessa época velejavam; ei-los, diante de vocês, se ocupando de seus afazeres, sob o mesmo curto crepúsculo.

Mas posso garantir, sem medo de errar, que uma parte deles, na manhã seguinte, lançou-se ao mar, com ou sem esperança de retorno, se separando, talvez sem razão válida, das crianças e de suas companheiras, do grupo, com o coração partido ou leve, certos de sua competência em matéria de marés, esperando abordar, sob o vento, essas costas à frente que as miragens lhes revelavam por vezes num lume amarelo acima do horizonte, e queimando para nelas descobrir alimentação abundante e mulheres fáceis, reinados a serem tomados e inexprimíveis paraísos. Posso reabrir, nesse dia, esse mar então aberto?

Aposto que no grupo pululavam gênios e párias, como naquele que há pouco eu poderia ter dito saído do Egito. Sabemos que eles chegaram às margens do outro lado, pois ainda habitam por lá: ei-los, do outro lado da praça, miseráveis, largados em bancos, bêbados, em sua maioria, todos sorrindo. Que jamais tenham podido voltar, não o ignoramos, já que a fração de famílias – existiam, então, as famílias? – que ficaram para trás nunca os reviram. O aumento do nível das águas, consequência da deglaciação, multiplicou a largura de todos os estreitos até torná-los impraticáveis? O regime dos ventos tornou a travessia de volta impossível? Ora, esses errantes, certamente, não encontraram na outra margem nem vale feliz nem cidade radiosa, mas, ao contrário, o deserto, a solidão, animais desconhecidos, que saltavam em lugar de correr, crocodilos gigantes e répteis venenosos, mares pouco piscosos cobertos de medusas translúcidas tóxicas, a fome, a sede, a miséria, a luta intensa pela sobrevivência. Nascidos nas terras infernais, sem mamíferos domesticáveis, sem gramíneas, onde só se comiam espinhos e insetos, eles aprenderam por conta própria que tinham deixado o paraíso perdido sem a esperança de um dia voltar. E eles se esqueceram assim de como foram esquecidos.

Sessenta mil anos mais tarde, vítimas de um dos gulags mais atrozes da história humana, os *convictos* ingleses reencontraram, às margens da mesma Austrália, esses irmãos de miséria, sem reconhecê-los, assim como esta noite eu os vejo, surgidos das lembranças fósseis da Terra e de minha consciência; esses forçados viveram, mais uma vez, essa mesma experiência de fome e de desespero. Se a história guarda uma lembrança do sofrimento desses condenados, não existe nenhum traço da travessia dos marinheiros do Timor; acabo, pela primeira vez, de contar a aventura verdadeira. De imediato, sinto clamar, ao fundo de mim, o desamparo humano dos aborígenes, nos bancos dessa praça. Eles gritam sua miséria assim como seus ancestrais sessenta vezes milenares. Como se a mais velha evolução do tempo humano, a mais ampla no espaço de planeta, já tivesse representado, em alguns locais privilegiados, a cena que acontece de nós vivermos no pequeno teatro de nossas relações, assim como no mistério mais afastado de nossa intimidade. Quem de nós nunca chorou por abandono?

Sempre a mesma cena primária de separação; sempre a mesma crise da memória e do esquecimento;

outrora temperadas, ali tropicais, aqui glaciais entre lobos e ursos.

Tão fascinado pela passagem do Nordeste quanto pelas geleiras da Groenlândia e de Spitzberg onde, jovem, contemplei longamente, da passarela de navegação, o parto dos icebergs, com um passe de mágica eu troco a roupa de meus atores, tanto da África quanto de Sonda, para peles de raposa e de zibelina, eu os calço com peles de foca, sujo seus rostos de graxa extraída do leão-marinho, curvo suas costas em face do vento norte e seu gelo cortante, prendo gelo em seus bigodes e sobrancelhas, colocando-os dentro dos iglus sobre as massas de gelo à deriva, eu os envio a vagar, caçar, pescar com paciência no decorrer do único dia de verão... Se você não crê em nada desses detalhes, certamente *kitsch*, pode se certificar sem esforço da veracidade fundamental dessa terceira separação, tremenda de frio e de autenticidade. Uma parte desses protoesquimós derivou, acidentalmente, sobre uma ilha flutuante de gelo partido, através do estreito de Bering, pelas correntes furiosas que não permitem retorno, atingindo as falésias do que chamamos de Alasca. Posso reabrir, hoje, essas margens então abertas?

Terra, terra! A abordamos sem nos virar; descendo pelo longo meridiano, procuramos por zonas mais clementes, felizes por abandonar as latitudes inabitáveis.

Isso se passou mais recentemente, há talvez 15 pequenos milhares de anos, o que equivale a dizer ontem pela manhã, locais e tempos incertos. Armados com arpões fabricados com ossos de baleia e punhais de dentes de morsa, as mulheres ornadas com colares de dentes de urso, invento ainda divertidamente, esse grupo percorreu a linha entre o oceano e a costa vulcânica e contínua que juntas formam as Montanhas Rochosas e os Andes, e, ao se multiplicar, povoou o novo continente, tão vazio de homens quanto a Austrália ou outrora a Eurásia. Como de uma cornucópia, saíram dessas mulheres, de alto a baixo, delawares, sioux dos campos, incas das montanhas, toltecas, astecas, fueguinos, araucanos...

Quem, entre os chineses, coreanos, siberianos da margem primitiva se lembrou um dia desses primos próximos, que por vezes chegaram ao mesmo continente a bordo de jangadas miseráveis, pelos mares do sul, e igualmente tão logo esquecidos de suas mães ou de suas amantes?

Em suma: em Suez, entre o mar Vermelho e o Mediterrâneo; no litoral de Arafura, úmido e suave; entre o gelo da Beríngia, subitamente adensados por novo episódio glaciário... Algumas decisões contingentes, quero dizer, tomadas por vezes sem razão, como caprichosamente, começaram, encruzilhada por encruzilhada, o novo destino humano. Saídos do vale queniano, e de suas amplas paragens, onde vivemos estáveis — felizes? — por milhões de anos, nos pusemos a errar daqui para lá — inquietos? —, mudando por vezes subitamente de direção: nós nos propagamos por todos os lugares. O humano se narra em relatos de viagens, recortados por bifurcações. Acabamos de viver três delas.

Mas a cena recomeça. Voltemos ao istmo de partida, ou melhor, deixemo-lo, pois agora sou aquele que partiu abandonando sua tribo instalada ao redor do fogo; esta permanecerá no tempo africano comum, prodigiosamente originária. Acompanho aqueles evadidos, pois suspeito que seu grupo compreende meus próprios ancestrais e também os de Poomena, nascida em Madras, brâmane de família dravidiana, amiga a quem gostava de surpreender em êxtase assim que me virava, após alguns instantes nos quais, tomado por meus afazeres, eu a abandonava. Mas já a teria esquecido? Isso aconteceu há alguns anos. O destino desses aventureiros nos concerne aos dois e ainda me apaixona.

Não sei calcular a quantas mortes se eleva o custo desse primeiro projeto concebido junto à fogueira, no istmo. Suponho mesmo que se sucederam várias partidas semelhantes, para que finalmente uma tivesse êxito. Continuo a inventar, mas, no decorrer de uma duração cuja amplitude não sei estimar, um desses grupos, sobrevivente, chegou a um lugar, de latitude mais alta e mais a leste, certamente, no qual a mesma cena se reproduziu; circunstância certa, tempo e local incertos. No jardim do Éden, em Jerusalém, como em Damasco, ou no Cáucaso? Repito, sei o essencial, ignoro os modos. Durante a viagem que precedeu a decisão de se separar mais uma vez, cuja duração podemos estimar em dezenas de anos ou, ao contrário, em milhares, eles não podiam desconfiar que um dia seriam chamados de Pais da Eurásia. Dois subgrupos se separaram, aqui e ali, um na direção do nascente, outro na do poente, e, como de hábito, eles se esqueceram um do outro. Posso hoje reabrir essa bifurcação então aberta?

Assim, cara Poomena, nos abandonamos, há menos de 100 mil anos, com seus ancestrais marchando, sem o saber, para povoar a Ásia e especialmente as margens meridionais da Índia e os meus se tornando europeus e em especial da Guiana. Não deem à minha narrativa qualquer valor científico; eu a adorno, faço romance, pretendo mesmo coser o mais antigo ao mais novo de todos os romances, escrever a maior das narrativas do humanismo, e que ela venha iluminar a invariante matricial e fatal da existência humana: a separação e o esquecimento, o abandono e o desamparo; amargas decisões que esculpem a existência. Assim, podemos fazer essa narrativa, mesmo sendo metade imaginária, de forma mais decisiva do que a filosofia e as ciências reunidas, porque em seu estado nascente, profundo, contínuo, ela ilumina o humano. Essas sucessivas bifurcações se formaram mais em mim do que as decisões ditas existenciais que eu mesmo tomo e que contribuem, certamente, para me formar, criar minha existência e fazer minha narrativa; essas últimas, altamente superficiais, sobrevoam minha epiderme, ao passo que as primeiras se enfurnam nas profundezas de meus genes. Sim, não cessamos de partir, de nos deixar, abandonar, de esquecer, de nos esquecer, cada um seguindo para seu lado, até o momento terminal e inaugural em que, tendo marcado com seus artelhos e suas esperanças, choros e algumas infâmias todo o espaço terrestre do planeta diante de si, a humanidade retorna a si. Ela não se reconhece nunca em si, ele se sabe desde então. Perdão, estou antecipando.

Mil paisagens, então. Não nos esqueçamos, esses homens viviam no mundo, mil vezes mais e melhor do que nós, que esquecemos, também, esse espaço selvagem hoje recoberto, erodido, escondido. Reabramos, para melhor compreender, o que ninguém poderia ainda chamar de paisagem. A cada obstáculo: montanhas de dentes brancos, Ararat ou Damavend, ferrolhos ou tampões de gelo, passagens vertiginosas de vales escavados, planícies de palmilhado fatigante, estepes desérticas repletas de espinhos, mares ou lagos intermináveis, bosques fechados, nichos de carnívoros selvagens e indomáveis... mas também, sem outro impedimento, a não ser rivalidades sujas, apetite pelo poder, ódios requentados, explosivos ou ocultos... cada punhado de homens semeou, em sua errância, a extensão mundial, suas crianças, seus machos e fêmeas, perdidos. Os mais fortes e os mais fracos: alpinistas intrépidos, corredores infatigáveis, inesgotáveis nadadores, aqueles e aquelas que pressentem o longínquo e veem melhor o detalhe e o amplo; mas também aquelas e aqueles a quem deixamos, como no fosso, amantes rejeitados, bocas demais a serem alimentadas, idosos e recém-nascidos abandonados, doentes e enfermos a quem perdemos com facilidade nos bosques, idiotas a quem deixamos terras inférteis, paludes, mangues, locais de caça sem presas, tundras sem esperança. A humanidade avança expulsando loucos e condenados, abandonando os cadáveres dos enfermos e dos audaciosos, muito mais do que conquistando o mundo, como pretendia a epopeia. A fragilidade começa. Nesses locais abandonados, os mais fracos inventaram a coragem e as técnicas.

A precariedade comanda. Quando nos encontramos, Poomena, ainda não sabíamos que nos conduzíamos como sobreviventes há muito abandonados.

Ao bifurcar diante dos milhares de obstáculos, esses subgrupos se adaptaram a meios diferentes e, como homens, o fizeram com a ajuda do que chamamos de culturas. Eles começaram a morrer como moscas, muito jovens, ou sobrevivendo, errando, atravessando... modificando com frequência línguas e costumes, ferramentas e gestos, cores e hábitats. Eles se tornaram quase que espécies dentro de um mesmo gênero, exceto, claro, por poderem se reproduzir constantemente entre si, deixando assim o poder do amor sempre recosturar o que havia sido rasgado pelo abandono. Digo espécie à moda de Darwin para perdoar, o mais generosamente possível, os que não reconheceram o homem naqueles que encontravam ao largo. Mas eles também não o reconheciam quando viviam próximos. As velhas ideias que nos ensinam algumas filosofias, no Ocidente recente, que o homem é tanto um deus quanto um lobo para o homem, dizem menos sobre a adoração ou ódio que dedicamos ao outro do que mostram, de fato e abundantemente, que aqueles que o conceberam contemplaram o outro, evidentemente, com olhos tais que logo o transformaram em outra espécie, divina ou animal, como nas *Fábulas*. Temos dificuldade em nos considerar semelhantes. Se você fala bem ou se pula alto, vou prejulgá-la como extraterrestre ou mutante; miserável ou cheia de dinheiro, vejo em você um demônio ou uma besta-fera. Afasto-me nos dois casos. Remeto-a a outra classe, menos social do que de história natural. A diferença dos climas, tórridos ou glaciais, a dos tipos de alimento, caça ou pesca, a dos trabalhos agrícolas ou das façanhas cinegéticas... fizeram de cada um uma quase espécie por si só. Por causas todas naturais, adicionamos o amor passional que temos por toda separação: classe, ordem, hierarquia, juízo. O abandono, sempre ele, nos inspira a arranjar e a classificar.

Assim, minha cara Poomena, por calor ou menosprezo, em razão de chuvas ou de ritos, você se torna, com o tempo, dravidiana e brâmane imóvel, vestida com sári vermelho, do qual, por vezes, no templo em que você orava sem vê-las, as novilhas arrancavam o tecido para ruminar, com o risco de desnudá-la na multidão. Assim, do meu lado, torno-me gascão, camponês e marinheiro, viajante e, um pouco, franciscano; ponho-me a escrever do mesmo modo que você ama se extasiar. Não podemos nos impedir de fazê-lo, mas você não gostaria, assim como eu, de saber como vivia, em tempos remotos, nossa mãe comum? Se nos reconhecemos com suave satisfação, há menos de dez anos, você não acredita que esse sentimento vem da separação trágica de nossos pais, que talvez tenham morrido, há milhares de anos, arrependidos de sua desunião? Parecia-me de que nos lembrávamos disso.

Tomei também conhecimento de que seus ancestrais talvez tenham se lançado, famintos, ao longo da costa de Coromandel para trabalhar nas lagoas salgadas locais e fazer o comércio do sal, bem precioso entre todos, mas nunca soube por que os meus, pelo menos os que conheci pessoalmente, se viram lançados não muito longe da costa atlântica, na Gasconha, às margens do rio Garona, onde nasci. Ninguém me informou, nem meus pais, agricultores embarcados, sobreviventes de guerras ignóbeis, nem o mestre escolar, que amava descrever com nobreza assassinos como Napoleão ou Foch, nem o cura do vilarejo que benzia os campos e venerava Joana D'Arc, com cavalo, estandarte e armadura inclusos, nem toda a história com a qual todos eles me drogaram mais tarde, nem minha cultura clássica, nem a filosofia de mais amplo alcance: todos curtos demais. Eles me ensinaram a pensar limitado.

E deixei, desde cedo, o paraíso aquitanense. Adeus. Dizemos, em minha língua: *adischats*. Parti, fui esquecido. Eles permaneceram, perdi-os de vista. Nós nos abandonamos por erros recíprocos, com a mais suave boa vontade do mundo. Eu acreditava iniciar então minha volta ao mundo, mas estava apenas começando minha viagem de retorno. Decididamente, é preciso mudar todo o vocabulário que a escola, a escrita, a história e a cultura nos ensinaram. Pois cada viagem em que cremos avançar de fato retorna ou retrocede o caminho. Os desbravadores, exploradores e lobos do mar, aventureiros por inteiro como eu sonhava me tornar, não faziam senão voltar, retornar, retomar o caminho contrário, na imensa duração da hominização. Vasco da Gama, Cristóvão Colombo, Marco Polo, Jacques Cartier, Samuel Champlain etc., vedetes da andropausa.

Embarcado, em 1956 – convenhamos, aqui, o cômico derrisório da datação, relativamente à escala de tempo de outrora –, para o canal e o istmo de Suez, sabia eu, do mesmo modo, que estava retornando, quando pequeno, aos locais, tão incertos quanto o tempo, de alguma cena primitiva, cuja ferida, assim como as mil gerações antes de mim, eu carregava? A bordo, cada um em seu cesto de vime, pensava no mar, na guerra e na política, enfim, na história breve, e alguns mesmo, entre os quais eu me incluía, se inclinaram, no mar Vermelho, à primeira vista do Sinai, mas quem podia pensar que carregava em seus genes e em sua alma a esquecível lembrança do abandono primeiro? A que miseráveis ocupações marciais ou marítimas nos dedicávamos, enquanto, sob o peso das pirâmides e a sombra dos sarcófagos, a terra continha em seu interior, ainda mais ocultos, tais segredos?

Quantas vezes pensei nessas cenas primárias, sobrevoando as ilhas Aleutas ou atravessando o *outback* australiano? Enfim retorno. Não cessei de fechar os fechos. Eu não explorava mais o mundo, como acreditavam meus predecessores mais recentes, mas retraçava, ao contrário, o conjunto de caminhos que numerosas gerações humanas haviam percorrido desde apenas 100 mil anos. Como o Ocidente pôde se permitir dizer, a não ser por fanfarronice – por vezes merecida –, que tinha habilmente descoberto todas as paisagens da Terra, enquanto esse fechamento, a humanidade em seu conjunto já havia realizado fazia dezenas de milhares de anos? Não, ele retornava a si. E eu também o fazia. Mas a escola e a escrita, nossas histórias e culturas cegavam nossa memória.

Essas mil cenas primitivas, nas quais se enovelam as podas dos ramos e são cortados os grupos, essas peripécias decisivas e repetidas, tão variadas nos andarilhos quenianos, marujos das ilhas ou caçadores dos polos, tão diversos em climas úmidos e altas latitudes, mas tão semelhantes nos abandonos, dilaceramentos e esquecimentos, ou ainda, idênticos, reitero, naquilo que sentimos como o patético desenraizar do fundo de nossas consciências, não deveríamos duplicá-las todas, mediante simetria, com as cenas vividas, múltiplas, muitas vezes desenhadas, comicamente narradas, historicamente documentadas, encontros recentes nos quais o trágico se mistura ao ridículo, a crueldade à ignorância e a certeza altaneira à idiotice?

Deixemos, então, os tempos longos que só há pouco conseguimos narrar para retornar à pequena duração já reescrita pela história, a de meus professores primários e a das nossas pátrias, e mesmo a microscópica duração de nossas vidas singulares, os fragmentos autobiográficos comuns que compartilho com Poomena. Não temos nenhuma dificuldade de nos lembrar dos pilotos portugueses ou bascos, dos marinheiros holandeses, franceses, ingleses, dos exploradores europeus... desembarcados na África, na América do Sul, na Índia, nas ilhas da Oceania, dos naturalistas herborizando as altas estepes do Altiplano e da Sibéria, dos colonizadores de grãos diversos... Sim, nos lembramos tão bem de que eles ainda fazem parte de nossa aventura educativa, nobre, claro, naquilo que ela incitava à visitação do universo e a descobrir o conhecimento, mas ignóbil num imperialismo sangrento. Durante os últimos três séculos, muito curtos, como se comportaram esses doutos e esses flibusteiros para com os descendentes de seus próprios ancestrais, a não ser respondendo a seus avanços com cusparadas e tiros de mosquete? Essas cenas demasiado conhecidas de encontros frustrados, de rixas desiguais, plenos de incompreensões, em vez de tolerância e piedade, que preferiria esquecer, eu gostaria que fossem substituídas por uma cena comum, simétrica, que daria a essa velha história, tão recente, o golpe de misericórdia que ela merece, ao mesmo tempo que um pontapé de partida de minha maneira ao novo relato, o mais longo, no qual as condutas difeririam dessas injúrias e desses assassinatos pela lembrança nascente da imensa duração iniciada na saída da África e que até hoje perdura.

O novo relato que inauguro religa então o tempo longo à era por vir saltando com os pés juntos por cima da história; tal como a dizemos e lemos, ela começa apenas com as escritas humanas, enquanto o Grande Relato se desdobra sob nossos olhos desde que aprendemos a decifrar aqueles da natureza, gravados sobre ou dentro das radiações cósmicas, o brilho das estrelas, o peso dos átomos, os estratos terrestres, os fósseis e as moléculas. Como começamos a ler, a livro aberto, nessas coisas tácitas, inertes ou vivas, nosso tempo contemporâneo se dobra ao de seus traços, ilegíveis no decorrer da história; ela abriu uma fenda que devemos atravessar.

Numa borda mais alta desse corte, esbocei canhestramente três variações mais do que prováveis acerca das cenas primitivas da separação. Segue-se um livro no qual os relatos tentam fechar essa fenda, cicatrizar sua ferida, fechar seu parêntese, abrir a esperança de uma nova era humanista, conectada ao Grande Relato. Esperando por isso, componho agora, na borda descendente, a partição final do reencontro.

Ouçamos, a partir de então, repetido por todos os ecos nas grotas do mundo, o mesmo grito dilacerado, o pranto das mais variadas músicas: por que você me abandonou?

Por que, já que ficamos deste lado do Sinai, nos perdemos da visão dos seus olhos, enquanto errávamos pelo deserto, entre o Egito e a Terra Prometida? E por que vocês, viajantes, deixaram desamparados seus pais, do outro lado do istmo? Por que, pescadores das margens mornas do Timor, abandonaram à própria sorte famélica seus pais naufragados pelos desertos de espinhos, do outro lado do mar? E por que, instalados numa planície exuberante com relva e bisões, vocês deixaram na miséria seus irmãos, prisioneiros das paragens glaciais? Por que, saciados de carnes e gramíneas, vocês não galoparam em seus cavalos para libertá-los de seus iglus?

Muito tempo se passara, cuja contagem é tão árdua quanto a do esquecimento. Você sabe: só existe o que é dito. Nem você, nem eu, nem ninguém existe sem a narrativa de nossa existência, mesmo no cotidiano; é necessário contar-se para nascer; mesmo uma coisa, é preciso narrá-la para que ela ocorra. O episódio de várias facetas de outrora ninguém podia lembrar-se dele, tampouco fazer sua narrativa, porque não existia nenhuma conexão entre o que vivemos agora e o que vivíamos há 100 mil anos. Não havíamos feito essa ponte. Como crianças, dispúnhamos apenas das histórias breves, sem qualquer tradição empalidecida pelo tempo. E essas histórias nos separavam, ao passo que essa nova ponte nos une. Como essa narrativa e seu tempo só hoje se atam, num crescente ontem inimaginável, essas coisas, finalmente relatáveis, suavemente voltam a existir. Podemos lê-las nas areias e no DNA. Estaremos entrando numa era de novos romances, de novas narrativas e literaturas, contos e sonhos sem os quais desaparece a humanidade? Quando pretendíamos fazer nosso relato, de poucos milênios apenas, nós reforçávamos nossas separações, acentuávamos nossos abandonos, recitando apenas o que era local e próximo, o europeu, o asiático, apenas a história. Quem então podia dizer: humanidade? Ninguém. O gesto global enfim é narrado, partindo do tronco da África na direção dos ramos que pareciam diversos, mas havíamos esquecido dos enxertos. Enfim, podemos fazer o relato do humanismo.

Para fazer uma ponte entre esses tempos, para costurar a escrita dos homens e das coisas, compreendemos enfim por que vocês nos abandonaram, por que vocês nos esqueceram, ao ponto de não me reconhecerem mais, quando nos reencontramos, ao ponto de não nos considerarem mais como homens como vocês. E nós, por que nós os abandonamos? Por que, saciados em nosso conhecimento, orgulhosos de nossas ciências, formados pela cultura, não nos viramos nunca o suficiente para nos relembrarmos de vocês? Hoje, soa o fim desse desconhecimento; enfim, podemos narrar nossa separação primeira, podemos enfim reatar o tempo do nosso abandono ao do nosso reencontro.

Por que você me abandonou?

Ouçamos em seguida, repetido por todos os ecos nas grotas do mundo, o mesmo murmúrio do perdão, cantado em variadas músicas: sim, lembro-me de você.

Lembro-me enfim da era em que brincávamos juntos como irmãos, quando caçávamos nas mesmas terras, prontos a ficarmos vermelhos de raiva quando devíamos repartir o pernil e o couro do mesmo antílope. Lembro-me, sobretudo, do dia e da hora, nas proximidades do Sinai, no Timor ou na Beríngia, quando, com o coração partido, nós nos separamos, quando você partiu para o outro lado do horizonte, três vezes, contente em me deixar. Eu me lembro. Mantive-me de pé, valente, pensando em me desfazer em soluços. Por minutos cruéis, vi apenas suas costas, eretas, caminhando em linha reta e sem se virar. Enfim, você volta. Esperei-a por cerca de 100 mil anos; se preciso fosse, eu a esperaria por mais alguns milênios. Venha, está perdoada.

E perdoe-me, você também, pois você sabia, por sua vez, que eu também a havia cruelmente abandonado. Desamparada, esquecida. Enquanto partia, você esperava, com as costas crispadas de angústia, que eu gritasse pelo menos uma vez o seu nome; você não escutou nenhum grito a chamando. Obrigado por retornar pelos caminhos de seu antepassado... tataraneta, recebida por alguém que também é um tataraneto. Venha, abandone-se, deixe-me tomá-la em meus braços. Lembro-me de você. Doravante, não cessarei de lembrar-me de você. Tenha piedade, lembre-se também de mim, não deixe nunca, eu lhe suplico, de se lembrar de mim. Escrevamos no arenito das falésias e no sibilar dos ventos nossa história comum e cantemos incessantemente, para codificar em nossas almas e nossos genes, o uníssono dessas duas cenas, costuremos esses reencontros recentes nas separações que outrora nos dilaceraram.

E se deixássemos para trás, mais uma vez e sobretudo, as injustiças que fazíamos a nossos pais, aqueles da história recente, reescrita a cada geração para reerguer vingativamente esses erros? Não, não julguemos mais iníquos e cruéis aqueles que outrora se consideravam uns aos outros como monstruosos em razão da cor da pele, do porte e dos gestos de seus corpos, dos costumes estranhos preconceituosamente tidos como bárbaros. Não, pois aqueles e aquelas que nos abandonam, nós os reputamos como monstros; não os reconhecemos mais, nós os vemos como outros. Transformados porque já decididos. Sem o saber, nossos pais próximos, os meus e da mesma forma os seus, reprovavam assim, quero dizer, achando-os estranhos, reprovavam, digo, os descendentes de seus ancestrais recíprocos por os terem cruelmente abandonado; o raciocínio que fazem é justo, em suma, e não falso como acreditávamos. A conduta abjeta que mantiveram gritava, mas numa língua tola: por que nos abandonamos uns aos outros? Compreendamos a crueldade de nossos pais em nosso perdão comum. Não podemos curto-circuitar a história retomando os ressentimentos deles.

Perdoamo-nos hoje as cenas primeiras da separação humana universal. Lembramo-nos delas, certas, idênticas por toda parte, apesar de variáveis no cenário, nas pessoas, nas línguas, nas cores e nos sons, tempos e locais incertos. Iniciemos, de fato e a partir de hoje, um segundo tempo. Reabramos o universo aberto. Nós nos lembramos; cantemos a acolhida e façamos salmos para os encontros. Nesses dois atos, o tempo muda: um grande protagonista o atravessa. Reabramos a duração da hominização.

Ouçamos, cantemos, salmodiemos... Eu não saberia dizer a que ponto lamento não saber compor música. Essas lágrimas de abandono, esses gritos de reencontro, acabo de narrá-los, mas apenas tento dizê-los, escrevê-los, com a tinta tácita, no papel mudo, o ouvido surdo, a alma entristecida. Os sentidos bloqueiam e interrompem esses sons; os sons sozinhos fazem os sentidos fundirem-se em conjunto, atravessando-os. Pior, essas narrativas contam as separações múltiplas, nas quais mudam os pretextos e as razões, ruminadas em línguas diversas, esquecidas, pouco traduzidas nos dialetos hoje inteligíveis. E para os reencontros finais, mil vezes multiplicados ao sabor dessas viagens, às quais chamo de retorno, outrora heroicos e hoje usuais, algum dia encontramos bons tradutores? Como narrar em várias línguas ao mesmo tempo, como dizer a várias vozes essa narrativa que desejaria ser escutada por todos os ouvidos da Terra?

Pela música. Cada língua representa uma partitura da música humana. Devemos escutar esses lamentos, tão tensos quanto as tempestades, tão discretos quanto as brisas, e esses reencontros, violentos e suaves como carícias de amor. Minhas narrativas percorrem tempos mais longos que a vida das línguas, relatam circunstâncias fatuais, pontuais, coloridas, imprevisíveis, encenam homens e mulheres disfarçados, enfeitados com pressa, que decidem ir aqui ou ali sempre sem qualquer razão, no capricho do momento ou da contingência, como nós cotidianamente e como se gritava na marinha, nas manobras dos maus momentos, sob tempestade: nas mãos de Deus!... Escuto-os chorar sua miséria, gritando encolerizados, as mulheres torcendo as mãos, amantes tentando o suicídio, ouçam o gemido dos adolescentes... Essas narrativas lacrimosas nos desesperam por contribuir ainda mais para a imensa rapsódia pessoal, coletiva, universal, patética do desamparo, mas sua tonalidade intraduzível ajuda ainda a compreender por que nossos pais, nossas histórias, nossas culturas, ligadas a uma linguagem, e pior, à escrita, não podiam compreender nada quando suas faces tão pálidas reencontravam vermelhos e negros, amarelos e pardos.

Eles não escutavam seus tambores, suas harpas, suas trompas? Para melhor ouvir esses soluços e compreendê-los em conjunto, é necessário compor esses contos simultaneamente em todas as línguas, que, em suas partituras, seriam coro e orquestra, exprimindo o abandono e a aventura, a esperança e o dilaceramento, o tempo interminável de espera e a peripécia contingente, o esquecimento e a lembrança, benevolência e crueldade, piedade implacável... numa integral inexprimível, a não ser pela música. Mesmo minha tela, pretensamente mágica, em nada ajuda nessa superposição, nessa densa polifonia. Apenas a música...

Socorro então, ventos e vapores, musas, músicos, venham trovadores, transformar em sons essa nova narrativa, o único projeto que vale para a humanidade em vias de se reencontrar. Compor a música para recompor a humanidade! A mim, pintassilgos e alísios, rouxinóis e tramontanas, sismos e trovões, bramidos e marés, modos pentafônicos dos beduínos, tantãs das matas da Nigéria, melopeias das mulheres de véus escuros nos funerais corsos, trompetistas ébrios de jazz nos bares de Nova Orleans, o cravo sofisticado de Couperin e Rameau, ruído de fundo em Iánnis Xenákis, ópera de Beijing com seus sinos ensurdecedores, danças suaves balinesas, *Requiem* extático de Fauré... mais o que escutei, adulto, dos aborígenes, e, jovem marinheiro, das bombardas bretãs e as gaitas de foles celtas... que esse caos coerente, que esse rumor sinfônico acompanhe minhas visitas à famílias bem-amadas que minha vida costura, como se minha autobiografia com elas orquestrasse as partituras particulares, tentando harmonizar suas diferenças ou desbotar as cores de seu caleidoscópio linguístico, como se o tempo fulgurante de minha existência pudesse, oh! milagre, projetar em si mesmo, como num espelho, não, como no soar súbito da repercussão de um címbalo, o mais longo tempo da hominização. Não, não, não creiam verdadeiramente que viajo, que exploro, que me movo em frente, não, apenas retorno, reencontro meus amigos mais íntimos, remotamente abandonados, Poomena, minha irmã dravidiana, e meu irmão aborígene de Alice Springs e ainda outros outrora desamparados, hoje reencontrados em Melbourne e em Florença, na Terra Nova e em Berry, em São Paulo e nos vales do parque de Queyras, nas margens do Pacífico, na Índia e no Cabo da Boa Esperança, na República do Mali, na Gasconha, em Djibuti... como se, distante de um "em minha casa" tão recente que quase tenho vergonha de minha saudade, pudesse enfim reatar os fragmentos das respostas aos frangalhos de questões postas por meus ancestrais, os fósseis de minha língua nas raízes das línguas deles, algumas migalhas de melodias que podiam completar minhas sonatas inacabadas; mediante um súbito acordo, de uma complexidade louca, escuto-os subitamente se entreterem em mim, como próximos de mim; nós tocamos, aqui e agora, na mesma orquestra explodida, a idêntica partitura de uma polifonia cuja autoria eles poderiam assinar tanto quanto eu. Escuto surdir o humano em mim em todas as línguas.

Fim da abertura.

EU: NARRATIVAS SUBJETIVAS

Retorno ao berço
Meu furor se transforma em êxtase. De pé na fila de espera, impaciente para ver a atendente abrir o guichê para registrar o voo Paris–Cabo das 20 horas, vejo surgir o aviso: 12 horas de atraso. Raiva, não, maravilhamento. A insônia da viagem, comumente noturna, muda, na manhã seguinte, pelas amplas paisagens iluminadas pelo sol; do norte ao sul, a África desfila; passado o rio Garona e os Pirineus, em seguida o mar sorridente e o Atlas trigueiro, o Saara estende suas dunas amarelas e, sob o alamar da Nigéria, a floresta pluvial e seu inferno verde; novamente, a zona temperada, e depois os Quarenta Rugidores; aterrisso nutrido pelas belezas do mundo. Quando atravessarei a pé o continente-berço?

À noite, o jantar reúne vários escritores africanos, em sua maioria anglófonos. Todos angustiados pelo estado, com frequência trágico, por seus respectivos países, eles buscam soluções, sobretudo na educação, prioritária e a longo termo. Como subitamente ébrio, levanto-me e narro a história africana do homem, a expansão da espécie no espaço, A Grande Narrativa do mundo e do gênero humano. Contemos, digo, a todas as crianças essa narrativa, comum a todos, e ensinemos a elas, aos poucos, as ciências que a produziram. Propaguemos pelo mundo essa narrativa, síntese dos saberes comuns a todos! Meus amigos se erguem, por sua vez, riem e bebem comigo: celebremos, desde o berço, a instrução universal e a paz que irá se seguir.

Sozinho, eu visitara o encantamento dos climas que eu desejava passo a passo percorrer. No decorrer da refeição fraterna, cantamos unânimes o novo humanismo. Em cada montanha, mar, deserto, cidade ou lugarejo, vimos girar um tornado pontiagudo se evadindo, o indivíduo solitário, do pedestre a caminho em sua paisagem, às comunidades culturais que ainda dividem e constelam o planeta, enfim em direção ao círculo, ao centro por toda parte e à circunferência em parte alguma, da humanidade oriunda desse continente.

Três estágios de um foguete que, boa notícia, enfim aprendemos a construir o último módulo.

Humanismo

Até hoje, de fato, o humanismo jamais ocorreu porque o homem universal que o evocava não existia. Num sentido restrito, essa palavra abstrata designou, desde a Renascença, o conjunto de tentativas, bem-sucedidas ou fracassadas, em favor das letras latinas, inicialmente, e gregas em seguida. O desenvolvimento da escolástica na Idade Média as sufocara; empirismo e lógica, essa filosofia, fechada na universidade, despreza as narrativas literárias.

Datando da idade clássica, e ainda viva na Bélgica e nos países de língua inglesa, o termo humanidades cobre esses mesmos estudos, gregos e latinos, cujo tempo de prevalência floresceu na Europa por tempo suficiente para que, aqui e ali, restassem raras testemunhas. Terão elas a capacidade de renascer para retirar da feiura e da barbárie as classes dominantes cujas gerações arrogantes recentemente recusaram transmitir às futuras gerações a sabedoria de mãe do Mediterrâneo?

Antes que essa beleza se arruíne, alguns eruditos alemães do século XIX designaram com a palavra *Humanismus* uma doutrina geral, uma pedagogia, ambas fundadas em memória dos eruditos da Renascença e dos filósofos do século XVIII, a partir dos quais, pelo menos desde as Luzes, nomeava-se cegamente a natureza humana. Quem desconfiava então que essa concepção impunha de fato a todos os habitantes do planeta os costumes do Ocidente? Esse humanismo tem menos chances de renascer do que o outro; ele evocava, seja de maneira narcísica e imperialista, seja de maneira inacessível, o homem universal: logo, ele não aconteceu.

Ele acaba de renascer, hoje, de uma fonte inteiramente nova. Extraído da paleontologia, da bioquímica e de algumas outras disciplinas especializadas nas datações, A Grande Narrativa que conta a emergência, a expansão e as viagens aventureiras do *Homo sapiens* permite desenhar a árvore genealógica de uma só e mesma família, dando acesso, portanto, a um novo universal.

E, mais uma vez, existe natureza humana? O que é ser homem? A essas duas questões, cada resposta proposta pela tradição tenta definir nossa espécie em geral. Mas sempre toda crítica, irônica e judiciosa, opõe a cada tentativa um animal dito irracional, que corresponde a essa definição, seja por ele ter dois pés sem plumas ou por rir, seja porque, especialista, ele fabrica utensílios, e faz amor face a face... Formigas, cupins, castores, chimpanzés, bonobos... eis os que, ao que eu saiba, são também animais políticos. E quantas vezes, minha alma, você assistiu à recepção do corpo diplomático por um chefe de Estado ou, doente, à visita de um médico-chefe precedendo seu séquito... sem ali reconhecer, infalivelmente, algum dingo macho dominando suas fêmeas e outros dependentes, um galo em sua glória em seu galinheiro entre galinhas e capões, um leão-marinho na praia suja, erguendo seu pescoço flácido? Etologia e genética sabem medir essa distância ínfima para nossos primos animais.

Que enfim se defina o homem como uma coisa pensante, quantos deles você encontrou em praça pública ou em algum anfiteatro? Inversamente, o que lhe assegura que nenhum animal tem consciência de si, que a vaca em seu pasto não medita por que ela se vê como que jogada nesse quadrado de alfafa, ruminando seu abandono? Quem dentre nós entra um dia nessa cenestesia de um morcego?

Uma vez rejeitadas essas definições absurdas, uma vez fechados os acessos ao homem universal, parece mais confortável responder à questão: quem é você, você, meu próximo, meu vizinho, a quem eu frequento cotidianamente e acredito conhecer? Para fazê-lo, ainda utilizo correntemente conceitos ou adjetivos, como quando procurava definir, mais acima, o homem como tal: julgo esse ou aquele um celerado ou um anjo de bondade, generoso ou egoísta... Ora, aqueles que assim condenam ou louvam sabem muito bem que eles mesmos, por vezes reputados por sua suavidade, podem, de acordo com as circunstâncias, se tornar tigres, e que aquele que hoje é frívolo pode amanhã ser, do mesmo modo, fiel. Assim compostas de termos ou de qualidades, essas definições, incorretas ou injustas, pecam por uma constância que nem o tempo nem a vida têm. Enfim, a partir de que direito julgar?

Por que via, a partir de então, encontrar o outro para enfim poder fazer justiça de sua singularidade? Viver amorosamente por mais de cinquenta anos junto a uma companheira querida mostra que atingir verdadeiramente a intimidade de outrem pode ser um empreendimento sem esperança. Um gesto, uma palavra, uma conduta imprevisíveis levam a colocar mais uma vez a questão: quem, então, é ela?

Decididamente, nós a colocamos mal. Sem dúvida, ela peca pelo uso do verbo ser: vazio, formal, zerovalente e ao mesmo tempo plurivalente como a incógnita x da álgebra, branco sem cor e soma de todas as cores, equivalente geral da gramática e da filosofia, ele só adquire sentido ao se tornar, passivo, auxiliar de outro verbo; ser conduzido, amado, agregado ou caçado é mais bem compreendido do que ser apenas.

Ainda melhor, no decorrer de nossa história, pelo menos em seu ramo inteligente, toda ciência, todo conhecimento, toda prática, mesmo médica... só se desenvolve eficazmente em suas operações com a condição de abandonar a conjugação desse verbo, quero dizer essas definições lógicas, o conjunto das questões em: o que é..., formais, gerais, imóveis, nunca falsificáveis... enfim, de abandonar o ser, a essência, e mesmo, talvez, a existência, para entrar no tempo e no detalhe ambíguo do vivo.

Discurso do Ser e maiúscula substantivação desse auxiliar minúsculo, a ontologia, de alcance ao mesmo tempo nulo e total, logo com acesso ao tudo e ao nada, como o valor do verbo que ela repete até a náusea, ou só adquire sentido quando associado, como ele, a atos, estados ou casos. Pelo menos ela, a antologia, tem a virtude, permanecendo sublime, de se esforçar para estimar a soma, a integral... indispensáveis, sem dúvida, mais inacessíveis ou ausentes, de todos os entes singulares, paisagísticos, de todas as narrativas, saberes e literaturas. De onde vem o formigamento súbito desses detalhes inesperados?

Narrativas de minha vida
Disso. À questão que incide sobre o homem universal, gênero ou espécie para o momento inabordável, porque demasiado longínquo e talvez inexistente, ou sobre outrem, bem próximo, mas também de difícil acesso, mesmo no amor, posso substituir a demanda: quem sou eu? A essa questão, tão mal colocada quanto as precedentes, a Antiguidade respondia pelas pertenças: eu me

definia como cidadão de Atenas, escravo ou ilota, participante dos Jogos Olímpicos, beneficiário do direito romano... Assim, eu fazia parte de uma comunidade, apto a rejeitar os outros em direção à estranheza da Barbárie. Perpetuamos com frequência e ainda hoje essa maneira de responder, sempre ébrios de pertença. Aparentemente formais, essas definições que utilizam o verbo ser escondem de fato e com mais frequência o que nomeei como *libido* de pertencer. A questão: quem sou eu? Significa neste contexto: a que grupo desejo me unir? de que coletivo me sentiria excluído? *Ramos* diz como, evitando essência, lógica ou conceitos à grega, São Paulo procura nos arrancar das ditas partições respondendo à questão pela identidade pura *eu = eu*, fora de toda sociedade. Mas como atender a essa equação formal, vazia a nula, que descreve a *ipseidade* pessoal (eu mesmo: *ipse*) pelo princípio, mais uma vez lógico, da identidade (o mesmo: *idem*)?

Para fazê-lo, São Paulo, sempre ele, e depois Santo Agostinho, e após eles Montaigne, Rousseau, Chateaubriand, Stendhal, seguidos por uma massa de contemporâneos, passam da lógica para a literatura e contam suas vidas, seguros, como qualquer passante na rua, que uma narrativa, mesmo fragmentária, diz mais e melhor do que uma definição. Essa congelada, aquela, detalhada; essa enrijecida, aquela flexível; essa necessária, aquela contingente por acolher as circunstâncias; uma abstrata e negligente em relação ao tempo, outra extrai sua matéria da duração viva; uma finalmente falsa, por confundir o individual e o coletivo, e tão logo, por essa via, injusta e racista, outra adaptada com exatidão e precisão à singularidade do indivíduo, às suas mudanças de atitude, aos cruzamentos de sua aventura, aos detalhes pitorescos das paisagens, todos ativos em seus encontros. Os Atos dos Apóstolos, as Epístolas de São Paulo, as *Confissões, Devaneios, Memórias* e autobiografias dos seguidores fervilham, assim, com mil narrativas cujo herói descreve e atravessa acasos e avatares, nas sendas de montanhas e naufrágios, sofrimentos, alegrias e desesperos, todas as atribulações cuja armação detalha o pequeno comércio do *eu*. Hoje, celebro a invenção dessa forma contingente com tantas razões arrebatadoras quanto, outrora, a da geometria necessária.

Popular, por vezes menosprezada, apesar de sustentada por dez escritores e o mesmo número de filósofos, essa maneira de contar sua vida pela minúcia mergulha, de fato, mais profundo do que as abstrações e quintessências. A narrativa vence o conceito. Mergulhado numa ambiência de circunstâncias singulares, tal evento e os atos que dele decorrem traduzem um caráter, o traem, o revelam, o exprimem e, por detrás desse perfil móvel e no tom dessa evocação, vejo tendências e cores, ao passo que uma definição lógico-ontológica teria embaralhado a paisagem dessa alma, endurecido o contorno desse rosto, obscurecido as cores de sua personalidade, escondido a região pela qual ela passa, perdido o tempo original de suas esperanças errantes; por excluir a contradição, a definição não compreende nenhuma vida: o santo peca, o herói tem medo, o gênio se engana e, no mesmo momento, eu amo você um pouco, muito, apaixonadamente e de modo algum. Duração, projetos, atos, situação e ambiência, emoções, desejos e realizações, relações ricas ou raras, trabalhos... entram numa história, sem começo nem fim, enquanto você vive, mesmo sem pé nem cabeça, se o desejar: *ecce homo*. Os afetos e circunstâncias avançam sobre a essência e a existência, dois conceitos abstratos tanto um quanto outro. Quem sou eu, quem é você, quem é ele? O verbo ser cava um buraco de evacuação que esvazia toda resposta a uma questão na qual entra, ao passo que o contar de uma vida, mesmo minúscula, a vida de outro, escolhida, ou a minha, tímida, tece um tipo de entrelaçamento que obtura esse buraco.

Quem sou eu? Minha vida, tempo original cujo desdobramento aqui e ali, ontem e agora pode ser contado, na companhia de comparsas, em regiões variadas. Quem sou eu, então? Esse relato, o detalhe de suas estações, golpes teatrais e repercussões, a aridez ou a abundância do país em que ele decorre, a margem extrema de seu presente ou de seu passado, tornada necessária, mergulha subitamente, como uma placa tectônica, sob a contingência imprevisível do futuro. Quem sou eu? Esse relato carnoso, seu espaço e seu tempo: essa narração e sua paisagem. Eis-me herói de conto, personagem definida de certo gênero literário, passando sub-repticiamente de ator da minha vida ao papel de ator da minha representação. Sim, a questão quem sou eu? recebe uma melhor resposta na narrativa do que na definição, tanto em literatura quanto em lógica ou ontologia. A menos que essa última, longe de desprezar aquela, lhe devolva suas credenciais e dê provas de sua profundidade. Há muito tempo declaro que somente a filosofia pode demonstrar que a literatura diz coisas mais profundas que aquelas que a filosofia procura demonstrar.

Alimentados por humanidades desde a mais tenra idade, tínhamos grande prazer em ler as *Vidas paralelas* de Plutarco, não somente porque, por serem paralelas, elas aproximam dois destinos, mas principalmente pelo interesse que nos ligava a esses exemplos ilustres. Amávamos Rômulo e Teseu, hoje os amamos menos, mas ainda louvamos os campeões cujas vidas chegam à narrativa muito mais facilmente quando suas aventuras são surpreendentes. Os que os tomam como exemplos aglutinam seu mimetismo para, fascinados, escutá-los contar. Sua publicidade constitui o público. Assim, devoramos os diários esportivos ou as revistas de cinema, porque os campeões e as estrelas encarnam graça, força, vício ou virtude, enfim, um ato heroico. Suas vidas o realizam e parecem ter um objetivo; elas têm, justamente, pé e cabeça, um sentido, início e fim. Um talento que tende para um alvo dá à existência um tipo de unidade ou de linha literária, ou pelo menos a dignidade de um canto ou um encantamento.

Quem sou eu, portanto? O campeão que admiro e mimetizo, estrela de meu teatro íntimo, herói de minha narrativa privada; tomo-me como tal, em meu cinema: certamente, posso me ver como Hamlet, como seu confidente ou cavalariço do palácio; minha ausência de destino imita esses exemplos ou outro não exemplo que conta suas antimemórias. Supondo que fracasso em ser meu próprio campeão, pelo menos disponho da escolha de minha estrela de cinema, de meu cantor, de meu jogador de futebol preferidos... atleta, de meu Hércules, marinheiro, de meu Ulisses... que me servem de modelos e que posso mimetizar. Conto minha vida por procuração. O *nós* substituiu o *eu*, desaparecido. Para os Antigos, a pessoa se congelava numa máscara de teatro.

*

Quem sou eu? O herói que represento em minha própria cena? Mesmo indolente, não cesso de contar a mim mesmo meus atos cotidianos; digo-me meus gestos e minhas atitudes, meu trabalho e meu repouso, como, ando, penso, jogo... e me narro; amo, e nos melhores casos, nós nos contamos tudo. Com a maior lealdade possível, a maior lucidez também: saberei viver, poderei agir, sentir, chorar... sem nunca me confessar a mim mesmo, sem tecer um véu de linguagem silencioso em meio a meus afetos e decisões? Os sonhos adormecidos não continuam, simplesmente, essa irrepreensível narrativa por outros meios, na ausência de consciência clara? Continua a viver em nós a criança cujo medo de se ver sozinha à noite antes de dormir a leva a pedir a sua mãe que lhe conte mais uma história. Não vá ainda, conte outro sonho diferente daquele cujas cores vão apaziguar ou aterrorizar meus ombros. A narrativa acompanha a angústia e a apaga, por vezes; por mal ser discursiva, sua sequência me encanta comigo mesmo e recobre o medo, escuro, cujo terror me sufoca, de cair no abismo. Não cesso de contá-lo para mim para não desmoronar em prantos. Coautor do sujeito, esse narrar constitui um parapeito que o protege do vazio. Assim, vivo e digo duplamente, autor menos infeliz de um conto, de um encantamento contínuo, audíveis, dizíveis, sensatos... ou autor silencioso de condutas perturbadoras, desconexas, quando não consigo mais distanciá-las na narrativa, cujo elo global se assemelha fortemente ao que chamo de *eu*. Para que eu o chame, é necessário que eu fale. Esse discurso latente coloca elos entre minhas ações e os farrapos de árvores e de ruas que acolhem meus gestos. Como?

No começo, o ruído de fundo
Por um processo que mal conheço, mas que vou tentar descrever, apesar da falta de jeito com a qual, acostumado à saída cognitiva e às objetivações fascinantes, faço em rapel a descida introspectiva. Mergulho em mim mesmo, olhos fechados, solitário, mudo, convertido, atento. Com dificuldade, chego a um patamar baixo, sob as lembranças, emoções ou sentimentos, onde minha cenestesia sente, diretamente e sem linguagem, o calor vital. Eu me desvaneceria de frio, se ela se ausentasse; o gelo mata; morremos de tiritar. Queimando, meu corpo mergulha e nada numa névoa calorosa. Mesmo através do silêncio da saúde, creio perceber, emanando dessas fagulhas vivas em desordem, um tipo de massa caótica que se assemelha, de algum modo, aos acúfenos cujo lençol vibrante me atormenta há anos, rumor oriundo sem dúvida da efervescência produzida pela admirável rede de nervos e vasos, pelas mudanças de energia com as quais se ocupam os órgãos, os tecidos

e as células, seguindo os bilhões de programas bioquímicos. Do movimento browniano desse calor vivo emerge um ruído de fundo caótico, descontínuo e contínuo, cujos primeiros murmúrios, quentes, emitem os gritos originais, apelos e clamores insensatos de intimidade, nos limites do inaudível. Posso nomear inconsciente esse rumor surdo, no qual a temperatura se transforma em nuvem acústica?

A ressaca, as cataratas, as turbulências, comprimidas como tranças de uma cabeleira que um rio ata e desfaz na saída de uma barragem ou de uma ponte, produzem esse ruído branco, sempre de algum modo contínuo, arrepiado como uma cascata, contínuo como uma torrente. No tórax e no diafragma, um lago de lágrimas dorme, desperta e ruge como lavas de um vulcão, se difunde num regato de soluços. O processo do tempo interno corre, bate como o sangue, move-se como lágrimas. Liquidificada por esse braseiro, a energia psíquica primitiva e surda irrompe, versa, banha, deplora, não cessa de chorar; lamenta, infantil, adolescente, adulta, sábia, erguida, *stabat mater dolorosa, juxta crucem lacrymosa*; soluça, curvada, velha, às vésperas de se extinguir, diante da vida esvanecida; chora dia e noite, desperta, através do sono, em ato e em pensamento, entre solidão e súplica oferecida a outrem, recusada, enganada, a dois dedos de aniquilar-se, recuperada, acolhida; chora, só, extraviada na multidão; lamenta-se diante da história decadente dos coletivos em vias de se reanimalizar; acaba por chorar, perdida, desgovernada, diante de Deus, cuja ausência adiciona infinitamente lágrimas de alegria e de tristeza, como a integral dos amores alegres e patéticos. O inconsciente fluido rumoreja.

Desse ruído de fundo produzido por quedas-d'água, moinhos e o mar, o corpo vivo e a alma tácita emanam então sinais, como ondas, altas e longas, formadas não sei como, nesse mar de murmúrios. A relação secreta entre esses sinais de ponta e as flutuações insensatas de onde irrompem faz sentir prazer e dor, conforto esférico ou agudo espinhoso; nunca tal gozo ou tal sofrimento definidos, mas o desconforto ou conforto de base, tonalidade fundamental de minha relação com o corpo, com a vida e com o tempo em que reconheço esse jorro que vai, mais adiante e mais alto, impregnar todos os meus atos, todas as minhas emoções, todas as minhas palavras com suas consonâncias harmônicas ou suas dissonâncias patéticas, já aí estabelecidas, em acordo ou desacordo. Idoso em exultação, criança melancólica, homem em aflição, menina em júbilo. Minha alegria de base ultrapassa a catarata de lágrimas.

Por vezes, nessa massa caótica e em suas flutuações, nas bordas de minha "consciência", nesse ruído de fundo e em seus sinais mínimos, imperceptivelmente agudos, pode surgir um fragmento de melancolia tímido, inaudito e vindo ao audível; pio, lamento, hino, cantilena, queixa, melopeia... Para arrancar minhas lágrimas ou exaltar minha ternura. Aproximo em desespero meus ouvidos internos e externos para escutar seu nascimento. Mal consigo e ele se põe a cobrir com sua linha melódica tudo o que o precede e o condiciona, cimos dos sinais, caos ao acaso dos murmúrios, desordem e tumulto. Em estado nascente, sua continuidade tímida atenua os espinhos e ordena o caos. Um princípio de paisagem íntima integra os elementos esparsos vindos do calor como a paisagem exterior reúne num quadro árvores e cumes do ambiente.

Emergência musical a partir de mil clamores. Ela solta vagidos como um recém-nascido, sem choro alto, mas tateando quase que tacitamente em sua voz. Em sua voz. Milagre: nascimento, agora, da "voz da consciência". Ela fala. Não, balbucia, gagueja, vocaliza, babeliza, frase sem palavras, linguagem sem língua. A partir da música primitiva, emanada em si do ruído, um início de articulação procura surdamente algum senso. Já, um princípio de sentido, pelo menos direcional, surgia do insensato, quando a melopeia envolvia com sua longa linha as pedrinhas esparsas e fragmentadas da massa caótica, sentido ainda desarticulado. Mas, pouco a pouco, algumas consoantes partem a voz cantante de

suas vogais, e eis que surgem as primeiras migalhas do
que eu chamaria de narrativa, que, ainda, em retorno,
integra, apaga e oculta tudo o que a precede. Soberana,
ela embala com seu sentido a música ordenada e o ruído
desordenado, ambos insensatos.

A língua não sabe dizer seu nascimento
Eu mesmo devo ter recorrido, nas páginas precedentes,
à linguagem para descrever seus antecedentes não dis-
cursivos, fundação que portanto eu com tanta força traí,
como Orfeu, citarista outrora, corro o risco que minha
cara Eurídice me deixe e retorne para onde com arrogância eu acreditara tê-la tirado. Cometi o crime de me
virar contra a corrente da linguagem, para a música,
contra a corrente da música, rumo aos signos, contra
a corrente dos sinais, na direção do ruído de fundo,
contra a corrente do rumor original, rumo à chama dos
órgãos da vida. Não se nada facilmente contra a corrente
desses infernos, desses braseiros, com seus tições e suas
cinzas. Orfeu descia, como eu, rumo aos fundamentos
de sua arte, mergulhando na caixa preta de onde emana
a linguagem e onde surge o *eu*; ele esperava extrair de
lá aquela a quem ele amava mais do que a si mesmo,
sua própria carne, sua vida, seu sentido. Ao som da lira,
ele a retirava da sombra; como ele se virava para vê-la,
ela desaparecia. Se falo, se narro... não escutarei mais

a música e o ruído, nas fontes da palavra, da narrativa e do *eu*.

Um foguete de quatro estágios lança o nascimento da linguagem, a emergência do *ego* e a aurora da narrativa que, ao contá-los, os forma, os cria, mas esquece seus princípios: ele ensurdece com calor, inicialmente, rumo ao ruído branco; desse rumor vai aos primeiros sinais; depois destes, às tímidas melodias; enfim, destas, às primeiras vogais... Ruído, grito, canto, música, voz... precedendo a enunciação de base, antes da língua e da narrativa. A oferenda musical lança a linguagem que a relata. A língua não sabe dizer seu nascimento caótico e musical; a música pode cantar o ruído de onde nasce? Nesse terreno, Orfeu precede o escritor. Sua libertação lenta após seu mergulho revela o universal, já: calor, desordem, ruído de fundo, queixa musical insensata, fenômenos tanto externos quanto interiores. Se todo sentido descreve uma particularidade, aqui jazem universais antes dos sentidos.

Paradoxo: nesse nível quase físico realiza-se, calidamente, a individuação. Ela age criando uma cadeia, musical ou articulada de narrativa cujo encadeamento é construído no tempo. Muito ou pouco longo, muito ou pouco contínuo, esse invólucro une conjuntos caóticos prévios a rumores insensatos. Escuto música nesse tempo; capturo na narrativa sua duração. Tempo ou duração nascidos na passagem da desordem à ordem ou por uma mistura de ordem com desordem, quando coexistem pacotes de ruído com alguns sinais firmes, quando se mesclam instantes descontínuos como átomos com momentos extensos. O tempo ou a duração, que se dizem tão difíceis de serem recortados, se dividem confortavelmente, pois se compõem, não sei como, de tensão e espalhamento, de memórias e esquecimento, de tessitura e buracos, como filtros. Como o *ego*, a música e a narrativa, o tempo parece ao se adicionar, não sei como, fragmentos esparsos e uma ligação, quando contínuo e descontínuo estranhamente se misturam; se mesclam, se filtram, portanto se coam. A individuação começa diferenciando-se pelo título dessa mistura e o andamento de seu encadear. Ela nasce, original, do limiar preciso dessa coa. Torno-me uma mistura de retenções e ausências, de ligações e inadvertências, de atenção e de deixar-se ir.

Mais do que tudo, esse *tempo* musical caracteriza os indivíduos e pode separá-los quando um vive um *allegro* e outro vive um *andante*. Antes de tudo, eu duro, ritmado. Existo como as cifras de meu ritmo. Estou mais para *presto*, mas admiro os lentos. O acorde dos dois amantes se conta melhor em compassos do que em música; par e ímpar faltam. Nossa relação fundamental com a vida e o corpo, de acordo ou de discordância, segue essa constituição interna do tempo, forjada no calor íntimo das trocas energéticas do organismo. A irredutível singularidade de minha relação com a duração estende-se como uma relação original de instantes descontínuos com momentos de continuidade. Abandono-me ao compasso, mesmo irracional, das cadências.

De fato, a cadeia do meu DNA, a disposição e o funcionamento dos meus neurônios, os softwares programados nos meus músculos e minhas articulações, eis umas tantas individuações. Mas a operação interna que nomeamos consciência origina-se desses conjuntos dados para se forjarem ativamente, sempre em tempo real. Ou ainda ela constrói meu tempo de acordo com essas misturas frágeis. Creio escutar inicialmente um tipo de voz, um murmúrio emergido de um rumor de mar indistinto. Não posso nomear esse murmúrio a não ser como *eu*. Antes de me compreender, antes de saber, eu me escuto. A língua usual diz isso soberbamente quando pergunta como eu me chamo. De fato, escuto um chamamento que se dirige unicamente a mim e um eco responde como sob uma abóbada solitária, vazia a sonora onde eu gritaria, inquieto: existe alguém? e que, dos muros e dos arcos do teto, escorreriam respostas: um, um, um... novo rumor. Que esse eco e seu chamamento — eu me chamo — individuam por um envolvimento atado aquele que o emite, o repete e o escuta. Esse contínuo-descontínuo da boca à orelha, da emissão e da recepção, *feedback* e envolvimento do gemido e da escuta, do grito e da audição, alimentação recíproca interna engendrando a individuação, pela consciência do tempo.

O *re-* das palavras francesas *récit* [narrativa ou relato], *relater* [relatar], *raconter* [contar], *rapporter* [fazer o relatório]... exprimem e repetem essa dobra.

O tempo das misturas

Contínuo por provir da atenção e se conservar na memória, o tempo ou o processual da duração se constrói, pretendido, voluntário, contraído; aqui, o tempo se nomeia a partir da tensão, aquela que a consciência adota para se perceber. Ao contrário, a consciência imediata e livre, sem tensão, percebe apenas o descontínuo; o tempo, assim dado, se ouso dizer, se apresenta aos frangalhos, em andrajos, em membros esparsos; ele salta, quântico. Se eu passo uma hora sonhando, pulo sem transição de uma lembrança longa a uma emoção perturbadora, de uma ternura lentamente atenta a algum breve ressentimento, de uma fantasia erótica alongada a uma intuição fina e fulgurante... O tempo se nomeia a partir do corte, extenso como corte de machado, mas também como se diz que o vinho é cortado continuamente por água. Os linguistas hesitam entre duas raízes gregas da palavra: *teinó*, suave, ou μ, *temnó*, seccionar. Longe de hesitar, adicionem-nos. Esses mesmos linguistas se impressionam com o fato de que o ritmo venha do verbo grego que significa escorrer, ao passo que, justamente, o ritmo corte a duração em medidas. Não se impressionem, somem os dois sentidos. Designado com precisão por nossa língua, essa composição entre contínuo e descontínuo exprime ao mesmo tempo a natureza do tempo e a duração da consciência interna. Como essa soma, composta por contrários, pode ocorrer?

Quando, por acaso, emerge uma sustentação a partir do discreto: advém então o tempo real, misturado, não sei como, por tensão, por retenção e fragmento, por suas duas raízes de certo modo; advém então a música, melodia sustentada, do mesmo modo, por meio de notas e gritos em grão; advém então a narrativa, na qual a voz, quebrada por consoantes, se liga com vogais; advém então a história, esse tecido de sentido oriundo de eventos escolhidos; advém então a Grande Narrativa, a matéria unindo números e partículas atômicas, a vida tecendo moléculas, o humano narrado a partir de fósseis raríssimos... O Universo, a vida, eu, nós, o próprio homem nascendo de um contínuo, a cada vez singular, que emana do descontínuo de base, se mistura a ele, se compõe dele, se integra a ele, como, não sei, mas vou buscá-lo. Outros linguistas confessam que misturas temperadas com temperatura e temperamento explicam belamente a palavra tempo. Ele mistura as duas raízes gregas de determinado momento, a do contínuo e a do descontínuo, como o ritmo. Assim a palavra tempo descreve perfeitamente o tempo, tanto o de minha consciência quanto o das intempéries – minha alma se desdobra como uma paisagem granulosamente ensolarada sob a chuva em lençóis e gotas –, aquele, estocástico, da história e também o da Grande Narrativa do Universo, de acordo com a dilatação progressiva de escala que este livro irá seguir.

O tempo unitário porque assim misturado.

Males
O que aconteceria se eu cessasse de contar minha vida, se eu parasse de gritá-la, de chorá-la, de deplorá-la, de cantá-la, de representá-la, de dizê-la? Como Eurídice, ela se desvaneceria, desprotegida, recairia em frangalhos, desmoronaria no inferno do ruído, em direção ao rumor e ao furor, buraco negro da desordem e do descontínuo. Isso me aconteceu com frequência. Ela caiu em pedaços, em vociferações, no cascalho de ruído de fundo, desde que não pude mais recitá-la, desde que a música se calava, que a melodia não se elevava, que

o contínuo não se sustentava. A narrativa, então, fugiu para longe de mim. A paz me desertou, meus amores me abandonaram e me deixaram despedaçado em membros esparsos, a saúde me deixou, minha obra naufragou, meu pensamento me abandonou... A infelicidade, a doença, a violência, o abandono, o mal em geral, físico, mental, moral... cortam a vida em fragmentos, tornada insensata, porque eles destruíram sua narrativa. Como afirma o povo sábio: ela se torna "não contável". Como ele não pode enunciar a própria vida, o miserável narra para si, em lugar da própria, a de um herói qualquer, como o assassino Napoleão, não mais modelo, mas substituto.

Sem assunto, sem substância, apenas seus substitutos. A substituição, eis a operação maior do teatro – o ator representa em lugar do personagem e o espectador se identifica com este último – e da doença, mental ou outra, da qual acabo de falar. Longe de mim as duas ideias de minimizar o teatro aproximando-o da patologia, ou de enfraquecer a doença ao compará-la com o teatro. Não, representação e doença convergem, quando, cansados ou enfraquecidos, substituímos a narrativa autônoma de nossa vida pelos contos e pelas paisagens emprestadas.

Vistos ou escutados continuamente, o ruído, a palavra, a música e as imagens das mídias subtraem a dita voz da consciência, o tônus do corpo e as paisagens que teríamos podido criar de nós mesmos. Bem designados, os animadores roubam as almas e as recriam à sua imagem. E eles as arrebatam no próprio nascimento de seu som. Doravante surdo à sua própria voz, apenas se escuta mais, como um cão, a voz de seu próprio dono. Onde outrora o teatro, em ocasiões raras e escolhidas, construía uma alma coletiva, a continuidade do espetáculo erradica em sua fonte as almas singulares. Aqui, a expansão da tolice é menos perigosa do que o risco sociopolítico maior no qual se incorre globalmente em virtude da destruição do *ego* pessoal e de sua própria narrativa em proveito de um coletivo formatado de maneira patológica e totalitária. A droga midiática traz o perigo de acorrentar doentes e escravos. Ela nos força a descer a infernos convenientes e arranjados.

Com choques com maior ou menor grau de força, por vezes mais violentos do que o primeiro, réplicas se seguem aos sismos. O terremoto não dura dois ou três minutos mortíferos, como se crê, mas três ou quatro semanas. Durante o de Loma Prieta, de escala 7,2, no outono de 1989, sentimos pelo menos dez réplicas de escala 5 ou 6, sem contar os mais suaves, que fazem tremer as paredes e causam leve vertigem.

Uma manhã, portanto, desde a aurora, abri a janela e escutei, surpreso, entre os ramos, pássaros cantando. Por vinte dias eu não havia ouvido o ar taciturno. Não lembrava também quando a natureza tinha se calado. Às 17h04, 17 de outubro, ou antes do primeiro choque? Ignorávamos que estávamos sobrevivendo num silêncio ritmado por réplicas telúricas.

Paisagem de matas e bosques frondosos, minha alma reverberava pegas tagarelas, melros assobiadores, corvos crocitando, rouxinóis e chapins, entre o gemido da brisa e o estalar do arvoredo, murmúrios, sopros e vozes. Esse rumor contínuo preparava, como ruído de fundo, e encantamento e a narrativa da minha vida, seu texto abstrato ou concreto. Em seguida ao terremoto, toda essa natureza se calou. Música e linguagem me deixaram.

Abro a janela, esta manhã, e eis que, maravilha, chapins e pegas voltam a esvoaçar, melros ralham, corvos barítonos, rouxinóis em inebriantes volteios, além da brisa rasante na relva e as vergônteas esmagadas por meus passos. A colomba com seu ramo anuncia o epílogo da inundação; além disso, nas primeiras águas, eis de volta o caos que a Bíblia diz preceder o sopro, verbo criador do mundo. Assim, ela diz o princípio do Universo ou, ainda melhor, o da linguagem e da minha alma?

Como os sismos destroem paisagens exteriores, acidentes, males e sofrimentos interrompem o trabalho subterrâneo que condiciona a narrativa cuja linha melódica é retomada no declínio das águas, na felicidade dos órgãos, na academia da terra, no fim dos choques e réplicas, no retorno abençoado da amada. A dor e o ódio, dos outros, do mundo e de si, calam a narrativa, assim como o sismo apaga os cantos dos pássaros. Como reconhecemos o sofrimento e o Mal? Pela interrupção da narrativa, o estrangulamento do canto, a cegueira da paisagem: são partidos o movimento do conto e a linha do encantamento, extingue-se o ruído do mar. Pela cegueira de nossa vida na direção de seus atos, distintos, e seu ator, isolado. Pelo desaparecimento do autor. Podemos ressuscitá-lo para compor, cantar, narrar, contar... após o ódio e a dor tiverem cessado de exercer sua empresa: somente então nós aumentamos nossa vida (aumentar, desse verbo vem a palavra autor) em direção à narrativa de nossa sobrevivência. Vencedora das dores e do ressentimento, a narrativa, assim recriada, pode criar, por sua vez e como retorno, a própria alma da qual ela sai. O Maligno não cria, mas interdita o verbo, divino criador, que, sob a empresa da infelicidade, entra num grande silêncio.

Aumentar

A partir do nível bioquímico mais elementar, do fogo vivo se cria a energia psíquica; esta não se assemelha de nenhum modo à energia física; ao contrário dos dois princípios que regulam esta última, ela se cria ao se gastar. Descobrimos nossa capacidade de realizar qualquer tarefa, bastante difícil por exigir forças que parecem nos faltar, apenas ao pé do muro, quando nos obrigamos a empreendê-la, como se essa própria decisão recrutasse suas condições, sem nenhuma esperança. Tal escolha, imprevista, era outrora chamada de estado de graça, como se recebêssemos um dom gratuito justamente quando dele precisávamos. Antes de testar nossas forças, nunca sabemos verdadeiramente o que podemos, nem a capacidade de nosso corpo, ainda menos o que pode valer nossa inventividade. Quanto mais corro, ando ou nado, melhor eu nado, corro e ando. Trabalho e penso mais e melhor quando penso e trabalho. O treinamento encontra ou inventa seus próprios recursos, por vezes inesperados, criando suas próprias condições. Eis-nos fontes e recursos inesperados.

Que o calor vital se transforme em ruído, música e princípio de língua, isso destitui o crescimento da entropia? No interior do metabolismo, a transição entre a energia comum, a dos açúcares e dos fosfatos, e a informação, equivalente à neguentropia, pode explicar a inversão das regras que concernem o esgotamento moral ou a renovação, vital, da energia? A energia viva, de algum modo, se mostra inesgotável: segredo de nossas criações?

No máximo: quanto mais esbanjamos nossas reservas, mais nos tornamos ricos. Pareço-me menos com um banco de dados do que com uma fonte genésica. Ó minha língua animada, você se crê capaz do movimento perpétuo? Vou então levá-la aonde há muito tempo você teme ir. Crio minha narrativa interminável.

No mínimo: quando caio no fundo da miséria, experimento uma fonte, um ressalto, um misterioso jorrar cuja potência me leva por vezes para fora do poço, com cascatas de lágrimas, convencido do desespero, urrando pela nova vida. Desesperado, certamente, mas minha narrativa será retomada.

Gêneros narrativos
Todos precisamos de uma narrativa para existir. Em busca do *eu*, ou pior, do *eu sou*, Descartes nos conta como, militar na Alemanha, ele se refugiou do tempo frio numa sala com fogão, fonte de calor, onde recebeu a visita de um Gênio Maligno, enganador invencível, e que luta formidável ele manteve contra suas falsificações, batalha

da qual só pôde sair vencedor com a ajuda da ideia de Deus, onisciente e onipotente. O filósofo faz com que essa manobra ousada passe como uma *Meditação* sobre a verdade, quando se trata, de fato, de uma narrativa, precisamente, na qual o fogo queima num recinto fechado e se corre o risco de o Mal tudo destruir, até mesmo a possibilidade de falar. O *ego* cartesiano decorre de um suspense de tirar o fôlego: o Diabo ou o bom Deus, quem vai vencer? Ou ainda: sem o conto dessa querela ardente, com algo de bravata, poderíamos ter visto nascer esse *eu*, como aposta entre essas potências?

Sem a visão de São Paulo no caminho de Damasco, sem seu silêncio longo e a torrente de palavras que se seguiu, sem o romance dos Atos dos Apóstolos e as aventuras narradas: descida furtiva ao longo das muralhas no fundo de um cesto, aprisionamentos e naufrágio, sem a conversão de Santo Agostinho, sem as *Confissões* que a contam... o sujeito moderno e individual teria emergido? O *eu* surge da autobiografia.

Todos precisamos de uma narrativa para existir. Que gênero de narrativa? Religioso no Gênesis, no qual se desenvolvem as vidas de Isaac, Jacó e José... épico, nas aventuras de Aquiles, furioso sob os muros de Troia, trágico nas atribulações de Édipo, histórico sob Péricles, poético no casebre de Filemon e Báucis, santo nos Evangelhos, cômico graças aos provérbios de Sancho Pança, livremente múltiplo com a graça de Jacques, o Fatalista, melancólico para Emma Bovary, solitário, quase paranoico, sob o sopro de Jean-Jacques ou de Chateaubriand... cada uma dessas personagens, contando ou sendo contada, se casa com o que a tradição chama de um gênero literário... como se a literatura dissesse com esses tipos, tal indivíduo sob tal ou tal ponto de vista, ou por vezes esboçando uma silhueta movediça, ambígua, viva, ao passo que as definições abstratas de que falava mais cedo se esgotam quando desenham ou formalizam um quadro ausente, inacessível e rígido.

Todos precisamos de uma narrativa para existir. Mas que gênero de narrativa escolher? Enquanto que, encarapitado no muro, com a colher de pedreiro na mão, eu a faço como alvenaria canhestra, posso contá-la a mim ou a você como hábil, aplaino um encaixe entre duas pedras, como heroico, exponho-me ao perigo de cair ou, vaidoso, exibo-me sem razão à vista da vizinhança, como, prudente, abrigo minha família, ginasta, faço exercício ou construo, místico, o hábitat de meus filhos, como outros ergueriam suas catedrais. Posso relatar a mim e a você minha vida dessas dez maneiras, amplificada, mentirosa, humilde, derrisória, secamente factual. Mudo, escolho, bifurco, minha alma se metamorfoseia. Dez narrativas possíveis de minha atividade se desdobram de acordo com gêneros literários: manual de procedimentos práticos, canto de epopeia, coletânea de poesia, romance, tragédia, comédia, representação, teatro... E se os ditos gêneros resumissem as intenções éticas de nossas vidas ou, veremos, a moral à moda na era de sua floração?

Amo variar minha narrativa: vejo-me nesta manhã como herói de romance; amanhã, como cômico ridículo. Reconheço-me mais ou menos corajoso em situações arriscadas, condoído em paixões trágicas... Desprezando regras, minha narrativa mistura gêneros. As autobiografias, muitas vezes, relatam conversões, a de Claudel, ou mesmo a de Proust. Kierkegaard conta ter passado por três estados – estético, ético e religioso. Nossas vidas têm mais sentido quanto mais mudam. Que estúpido papel tenho representado aqui ou em outra parte? Que personagem terei mostrado nessas ocasiões? Assim, esses gêneros representam o papel de marcos. Certamente, nós os vemos separados, mas a duração aventureira da existência os assombra, a cada vez. A narrativa da vida navega fazendo a síntese nesses amargores, manipulando as ferramentas disponíveis nesses depósitos abertos a todos. Ela escolhe entre as heresias (em grego quer dizer escolha) expostas em prateleiras.

Todos precisamos de uma narrativa para existir. Em todo caso, ninguém pode amar sua vida sem contá-la; e ainda melhor se ela se transmutar facilmente numa narração original. Tratar-me-ei como mentiroso se tomar de empréstimo um papel no depósito em lugar de representar o meu, em lugar de compor minha partição? Como aceder, autenticamente, ao meu próprio, justamente? Não nos enganemos com o termo narrativa. Num sentido antigo ou clássico, ele designava a enunciação de uma série de eventos ligados pelo tempo usual do sol, da genealogia, do relógio ou de um calendário, por vezes entrecortado, para entreter o interesse, por lances teatrais imprevistos. Assim, os poemas homéricos contam os feitos sangrentos de Aquiles e as aventuras de Ulisses através de mares e terras desconhecidas; assim Flaubert relata os grandes sofrimentos e as pequenas traições de Emma Bovary. Qualquer um pode imitar essa heroína, esse herói, esse viajante, substituindo-se por essa encarnação dos cânones de sua cultura, escolher sua heresia. Com gêneros e campeões, as literaturas abrem novas prateleiras onde procurar um *ego* e uma vida por procuração, medíocres a qualquer tempo ou, caso seja a escolha, grandiosas.

À medida que os ditos gêneros literários se aproximam dos indivíduos singulares, de sua intimidade ambígua, ou exploram os recursos da língua, eles abandonam aos poucos esse céu substituto e canônico das narrativas assim formatadas, esse grande depósito de coletividades, para descer lentamente em direção a essa singularidade fecunda, em sua intimidade secreta, de zonas obscuras nas quais um idioleto pessoal emerge da perseguição muda da própria existência e a partir dela compõe uma sequência. Retornamos enfim aos infernos de outrora. Para entrar mais facilmente no detalhe dessa zona de sombra e das mutações que nela agem, essa descida lenta vai em direção às vizinhanças, que reencontramos, nas quais o ruído de fundo da vida cálida transforma o rumor em melopeia, modifica o tumulto em salmo, metamorfoseia seu caos em oferenda musical; depois, o retorno para cima, rápido em direção a camadas ainda negras, mais altas que essas vizinhanças, onde, por uma mudança de fase inexplorada, essa melodia, essa voz em estado nascente, quase inaudível, transforma o tumulto em articulação, renova sua linha como *logos*, e isso até o último estrato em que aparece, sempre virgem e de luminosa novidade, a língua constitutiva de uma narrativa íntima da qual o início gaguejante, que volta para mim como um *feedback*, relança, como segundo motor, o calor inicial da própria vida, a realimenta, aumentando-a no sentido de outrora, encadeando-a enfim ou ligando-a numa série original. Chamo ainda de narrativa essa língua emergente, ainda que suas formas e suas tonalidades abandonem para sempre a antiga série, temporal e formatada, de eventos exteriores. Como vinte remadores e outras tantas heresias, as novas narrativas derivam desses formatos anteriores. Preservo sempre o termo *narrativa*, pois ele conserva a mesma função, mil vezes repetida, de unir o tempo à vida. Menos coletiva, emprestada, pública e mentirosa, mais leal, atenta, pessoal e autêntica.

Da mesma forma que, descendo os caminhos da terra, Orfeu, Homero, Virgílio, Jesus Cristo ou Dante visitaram os infernos antigos nos quais vidas vegetam, por mais socialmente formatadas que elas tenham se tornado outrora, aqui, as sombras pálidas em mornos campos de asfódelos, assim como Marcel Proust, que deixa, por sua vez, esses formatos coletivos, e desce, com longos encordoados vertiginosos de frases, em direção à sua formação original, no qual o tempo e a alma se reencontram em seu estado nascente; assim como James Joyce mergulha em monólogos internos e intermináveis que este ou aquele se fazem numa curta jornada, sem perder uma palavra sequer dos minutos breves e indefinidos de adormecimento, durante os quais emergem justamente essas palavras; assim como Franz Kafka penetra no labirinto de um covil no qual o animal cego, apavorado, se esconde e morre de angústia; assim como, com técnicas estilísticas, logo musicais, de expressão, Robert

Musil, William Faulkner, Virginia Woolf, Ferdinand Céline... abrem tantas vias diversas que conduzem a explorações de um tempo vivo, sonhador ou do qual jorram de maneira contingente cem ramos, cujo escoamento, não linear, se transubstancia, aqui e ali, em mil raminhos misturados, cujo ritmo e compasso se aproximam infinitamente do nascimento da linguagem a partir da vida íntima e de sua maneira, ao voltar, de uni-la.

Os contos e histórias das literaturas precedentes respondiam com frequência à questão: quem somos? transformada em: a que cultura minha vida pertence? que tempo de uma história comum de meu tempo pessoal deve imitar? que campeão escolher para uni-la numa sequência sensata? enquanto as narrativas que acabo de citar celebram o nascimento, mais recente, do indivíduo e sua busca de identidade. Quem sou eu, ou melhor, como, em que campo, por que procedimentos linguísticos suscitar ao contar uma vida, ou a minha própria, com o maior grau possível de precisão e lealdade? Em busca de um novo mundo, de uma nova história, de um humanismo, enfim, a hominescência deixa com frequência os antigos formatos coletivos para se aproximar do individual.

Língua e literatura

Quanto mais há literatura, mais ela se dirige ao *eu*. Quanto mais há de história, mais ela diverge em direção ao *nós*. Quanto mais há literatura, menos há história, a não ser para pensar os contextos... menos há engajamento redundante e história literária, oximoro em desuso pelo qual a rigidez da sociedade e os tiques políticos deixam fugir a raridade singular das obras. Permanece uma questão cuja resposta procuro: que forma de narrativa nos aproximará do homem?

De fato, o que é a literatura? Assim mal colocada por ela tanto quanto para a natureza e os homens em outro registo, a questão se transforma. Como eu e nós e todos, ela não é, ela se torna. Posso até mesmo contar sua vida: outrora coletiva, ela se torna mais individual; mais histórica no passado, ei-la a caminho da singularidade. Assim, repito, a história literária se aplica às narrativas arcaicas, na direção das quais retornam os textos engajados. Deixando mais uma vez essência e ser, reformulo a velha questão: para que servem essas narrativas? Para construir, a partir da vida, a consciência e a linguagem. Quanto menos há literatura, menos existem indivíduos. Pessoas livres. Eis-nos todos, hoje, sujeitos a buscar uma máscara para as grandes superfícies do mimetismo coletivo. A literatura alimenta a língua tanto quanto a consciência. O que há de mais salvador? Nesses tempos de mimetismo exacerbado, a literatura salva.

A consciência forja suas primeiras flexões, curva suas primeiras dobras por meio dessa emanação contínua do ruído em direção à melodia, e desta última para os farrapos da língua? Escuto minha consciência se formando ao mesmo tempo que minha língua se forma por meio dessa escuta. Um tipo de turbilhão, de turbulência, se instala onde, como em *feedback*, minha língua se ocupa do nascimento da minha consciência e onde minha consciência se ocupa da emergência de minha língua. O dito fluxo de consciência não escorre de maneira laminar, mas de acordo com essa cadeia de turbilhões em que se encadeiam mutuamente consciência de si e língua de si. Quanto mais e melhor falo, mais e melhor tenho consciência de mim; quanto mais e melhor afloro essa consciência, mais e melhores ruídos, em mim, choram, cantam e acabam por falar.

Parece-me que para mim continua, ainda hoje, escritor da língua, essa fabricação original que devo ter conhecido, criança, quando ainda nada falava e mal acedia aos primeiros vagidos e ao reconhecimento do *ego*. O escritor retorna incessantemente a esses momentos primitivos, submete sua língua à prova do começo, à massa caótica, depois à harmonia em que o próprio *eu* se cria ao mesmo tempo que cria essa linguagem. Para o praticante cotidiano do som, de estilo, de música, de queixa, de gritos e vozes, muito canhestramente cego aos fatos ou fluxos de consciência, o fato literário nasce aí, simultâneo ao eu. A consciência não existiria sem língua nem literatura. Nenhuma das três existiria sem as outras duas.

Você
Então aparece o outro simultaneamente a mim. Pois minha língua permaneceria um idioleto para autista se uma primeira comunicação nada me retornasse, som, sentido, sintaxe, uma língua já comum. Desde o útero e o seio, minha mãe já devia ocupar esse papel instituidor. Em construção contínua pelo estilo, minha língua materna ainda representa esse papel de espelho, mas torna a representar aqueles e aquelas que me sustentam num registro tão profundo quanto aquele que Eurídice cavou para Orfeu. No melhor dos casos, um diálogo em tudo oposto constrói objetos exteriores ou, nos casos mais medíocres, as provas de uma pertença. Você se apresenta, certamente, à frente dessa sustentação, você que me fala com tanta frequência e com tanta delicadeza de você mesmo que só posso me aprofundar em mim nessa escuta. Mas nós nunca inventaremos a partir do zero uma língua que pertenceria a nós mesmos. Se fosse

o caso, nós nos trancaríamos, por nossa vez, no autismo a dois. A que nível então já mergulhamos numa pertença, no mínimo linguística, no máximo musical? Na formação sonora que há pouco dizia pertencer apenas a mim? Tudo o que acabo de dizer se arrisca a ser mentira, já que para falar do que se passa em minha alma não cesso de lançar mão de mitos, Eurídice, músicas órficas, romances, Bovary, filosofias... de uma cultura particular, a minha. Longe de inventar ou criar, imito, cito, repito. Por onde então corre o bisturi que deixaria de lado o que tomo de empréstimo ao grande mercado do mundo, para conservar apenas o autêntico? Se eu e minha consciência nascemos, numa só voz, simultaneamente à linguagem, vejo-me forçado a dizer que essa última não tem necessidade de mim para nascer. Posso então apenas inventar um estilo e variar sobre um dado tema.

Que essa margem, ínfima, minimize o autêntico, admito-o de bom grado. Mas se, do organismo bonobo ao humano, a distância genética, medida no DNA, se avizinha do ínfimo, aquela que nos separa, você, eu, e alguns irmãos e irmãs da Europa, Ásia e África, se estreita ao limite do impalpável. E, porém, ao ver o corpo dançar, que diversidade nos encantos! Falta-nos uma referência tão precisa para medir as variações de língua, mas começamos a suspeitar dos invariantes que associam as próprias famílias linguísticas. Sem dúvida essas distâncias derivam de nossa ignorância. E, porém, escutar as bocas falarem ou cantarem, que variações imensas! Cada autor parece, para si mesmo, uma espécie diferenciada, cada indivíduo, um gênero, e cada cultura, uma linhagem! O autêntico jaz então mais na composição do que nas notas, mais no estilo, ou na palavra, do que na língua, como o indivíduo se distingue do tipo ou da espécie; ele jaz menos no não pertencimento do que na bifurcação relativamente a seu formato. Minhas invenções são sempre variações de um dado tema. Pretender falar apenas de si e inventar um estilo deslumbrante e novo, que autor cita mais do que Michel de Montaigne?

Todos precisamos de uma narrativa para existir. Precisamos construir, portanto, a partir dos nossos ruídos, o estilo original que conta. O original pertence à espécie; o originário, ao indivíduo. Repito que temo, acerca do formato, que a escuta continuada da música através de dez registros técnicos não destruiu o trabalho íntimo de individuação, não fez abortar a consciência nascente desse estilo íntimo, em proveito de uma comunidade temporária de moda, como, outrora, a literatura épica, trágica... impedia o nascimento do *ego* pessoal em proveito do reforço da comunidade política ou cultural que essa literatura, propriamente engajada, exaltava. Mas, digo-o da mesma forma, a linguagem não se ocupa tão profundamente do *ego* quanto os gritos, os cantos e as sonoridades, anteriores a toda articulação do sentido. Essas práticas se arriscam então a destruir o *ego*, o estilo e a palavra da narrativa. A venda forçada, a pregnância em todos os locais de uma música convencional produzirá uma geração privada dos atributos os quais a geração precedente acreditava poder construir o humano? Ela se esquecerá de que a linguagem, antes de ser útil para a comunicação, nos construiu como sujeito?

Inversamente, porém: longe de se limitar a reprovar as distâncias e os homens, as novas tecnologias suscitam também um novo ritmo emotivo. Quando, marinheiro, eu escrevia a uma amiga, ela recebia a narrativa expressiva de meu sentimento no momento em que, com muita frequência, ele já havia desaparecido de meu horizonte afetivo, flutuando como a superfície das águas; ela coletava o passado de minha alma. Em troca, o que eu poderia saber do que ela experimentava, quando recebia sua missiva numa margem distante com, por vezes, semanas de separação? Ritmados por descontinuidades gigantescas, essas trocas epistolares, outro gênero literário, não podiam unir nem os tempos de sua vida nem os da minha, muito menos a língua cujos andrajos tentava narrar nossas relações.

Hoje, munidos por e-mails e telefones celulares, podemos os dois nos falar ou nos escrever no momento exato em que tal emoção nos assalta, ou tal decisão parece se impor... mensagens cujos conteúdos, recebidos em tempo real pela correspondente, no instante em que ela decide ou se comove por sua vez, unem sem descontinuidade as palavras e os instantes disparatados de nossas vidas, associados por amor, e tecem então sua relação nessa narrativa nunca verdadeiramente interrompida, atravessada por armadilhas e por vezes por quiproquós, mas reinventada em tempo real. Relativamente aos tempos marítimos de outrora, muito semelhantes aos que Ulisses, ao cantar para Alcino, mantinha apenas em silêncio com Penélope, que permaneceu em Ítaca em meio a seus pretendentes, não se trata mais de espaço, evidentemente, nem dos mesmos ritmos e *tempi*, nem dos mesmos sons, nem da mesma emoção, nem do mesmo compartilhamento, nem do mesmo *continuum* de estilo, nem da mesma narrativa, nem portanto dos mesmos amores, nem das mesmas almas, nem talvez dos mesmos corpos... Num outro tempo e dito de outro modo, outro *eu* acaba de nascer, sustentado por um novo outro.

As novas tecnologias não apenas transformam as ditas faculdades cognitivas, memória e imaginação, antigamente subjetivas e hoje objetivadas, como minhas obras *Haminescências* e *Ramos* descrevem em detalhes, mas as zonas secretas da emotividade íntima que estão nas origens do estilo próprio, enfim, as profundidades decisivamente humanas da *psyché*, eu entendo por essas palavras os locais precedentemente descritos nos quais a vida elementar se torna em nós palavra e estilo, discurso incoativo que, em troca, muda e une a vida ao destino. Assim partilhada, o emotivo se associa ao cognitivo para mudar o humano.

Dois níveis escalonam minha alma emotiva. Quando nasce a palavra falada, ela logo parece se distinguir, por entre afetos, paixões e sentimentos... em espécies claras e, por assim dizer, classificáveis: eis-me motivado pela inveja, aterrorizado de medo, tremendo de ciúme, inflamado de cólera, atravessado de ódio... Mas, antes ou abaixo, quando a palavra falada, em seu estado nascente, ainda gagueja ou se embaraça, essas espécies aparecem fundidas em gêneros prévios, um pouco como o tronco precede seus galhos. Luminosa e distinta, a palavra falada facilmente considera confuso esse magma primitivo, mas a música, antes dela, exprime sua mistura com exatidão, porque sabe cantar os universais do afeto antes que as palavras os isolem em sentimentos discriminados. Melhor dizendo: ela faz entender nossos universais antes do nascimento do sentido articulado.

Os ritmos e as notas mergulham num gênero do qual cartas e frases analisam as espécies.

Eminentemente dotada pela língua, você, mulher, passa como um encanto, uma paisagem ensolarada na qual cem emoções singulares, discerníveis e variáveis, se distribuem em matas, em velhos bosques, falésias e colinas, embocaduras e margens, todo um mapa de Ternura que você percebe tão bem, toda aberta, em torno da palavra que a sustenta. Assim, você é considerada intuitiva, ao passo que deveríamos afirmar seu gênio discursivo. Um lençol de neblina, ao contrário, dissimula o homem, eu, por exemplo, desperto somente no ocaso, os limites entre o campo e a floresta, entre as espécies diferenciais de emoções; em lugar de um mapa de Ternura, meu olhar apenas dispõe de um roteiro marinho, representando os oceanos para um navegador intercontinental; quase vazio, esse portulano somente faz aparecer, em meio a margens ausentes, duas ou três ilhas, nunca as rugas locais das vagas. Você sabe patinar sem se desequilibrar num lago gelado, entre os múltiplos desenhos no gelo endurecido; são sinais de bruma, viajo e navego, cego, sobre vagas lâminas largas. O cognitivo de nossos afetos difere como palavras e sons, palavra cantada e música; eis-nos estrangeiros, não como espécies diversas, mas exatamente como gênero e espécie, o homem-esboço permanecendo por cima da fêmea limpa. Um, ramo; o outro, a ramificação. A alma começa pelo macho e se desenvolve como fêmea, como a palavra nasce da música antes de amadurecer em termos e verbos. Nessas matérias, minha fraqueza vem disso que, macho na carne e na alma, nunca soube falar nem escrever, ao passo que eu tenho toda a minha vida sonhada de compor canções e cantatas. As ideias me vêm na forma de sons. Como escritor, julgo-me um músico frustrado. Assim, saberei o que experimento, a não ser mediante massas em fusão?

Dos espaços
Comparemos então alguns mapas. Ainda marujo, como disse, não me canso de vagar no mapa de Ternura, o mapa-múndi dos amores. A alma se estende, se desenvolve e flutua num espaço, no qual nossa língua pretende descrevê-la tomando suas medidas: longânime, magnânimo, pusilânime; longa ou grande ou avara, de mediocridade consternante. Não conheço as propriedades de extensão semelhante, mas me enterneço ao contemplar a maneira, numa distribuição bem feminina, pela qual *Clélie*, de Madeleine Scudéry, a descreve. No país da Ternura, a inclinação corre como um rio, a indiferença permanece estável num lago, o ódio se torna bravio como o mar, o orgulho se empoleira numa pedra. Grande Coração e Sinceridade se instalam em

dois vilarejos e cidades são construídas às margens de Estima e Reconhecimento. De Carinho e Assiduidade, visitamos nossa relação amorosa como se passeássemos num país em que escolhemos frequentar juntos e onde nos aventuramos com ou sem certeza de orientação, já que os caminhos pouco amáveis podem nos levar de Pressa a Submissão ou de Indiscrição ao mar da Intimidade. Repousemos em Probidade antes de ceder ao Esquecimento. A alma nos faz vez uma paisagem polida.

Numa noite escura, toda masculina, São João da Cruz sobe até o Carmelo, usando caminhos e trilhas, uma montanha sem rotas na qual as fontes jorram entre frutos abundantes. O caminhante místico descreve gêneros vagos em lugar de espécies claras.

Freud toma de empréstimo a Maxwell, físico, e a Listing, topólogo, o esquema espacial do complexo: os eletricistas dessa época usavam, de fato, esse nome, tão utilizado hoje que até nos esquecemos de sua origem, para nomear uma montagem gradeada agrupando resistências, capacitores, enfim, fios e placas que permitem a transferência de energia... aparelhagem múltipla e altamente sofisticada, cujos polos extremos anulam a diferença de potencial. Numa rede global onde interviria localmente essa montagem complicada, tudo deveria se passar como se ela nem mesmo existisse, já que nenhuma diferença, em seus limites, se faria notar. Conectá-la ou não à rede geral nada muda em seu comportamento total. Existe, certamente, e mesmo de forma poderosa, do ponto de vista interno e local dos nós e dos caminhos entrelaçados, transferências e forças sendo trocadas, mas ele se anula por completo no tecido geral. Mesmo se a paisagem e o mapa se reduzem aqui a circuitos construídos, como num roteiro aéreo, eis o modelo espacial original do inconsciente! Eficaz, porém, um espaço aqui se anula.

Quem pode contestar a precisão desses deslocamentos por certos lugares, tanto no país da Ternura, o monte Místico, quanto na aparelhagem inconsciente? Desafio quem quer que seja a descrever os arcanos da *psyché* sem ceder à intuição de alguma extensão, onde ocorram movimentos, transferências e transformações. Apesar de pretender que, dedicada ao espaço, nossa inteligência não pudesse nunca aceder ao puro fluxo temporal, reservado à consciência, Bergson não venceu sua batalha, por confundir seu espaço com o de Euclides, assimilando-o à métrica. Ora, hoje concebemos extensões de todos os tipos, inclusive as qualitativas e sem nenhuma medida; súbito, a duração bergsoniana corre ainda num espaço, como um rio e suas turbulências. A alma permanece espaço-temporal. Dela, nós relevamos os relevos.

Interna ou externa?

Convenhamos então na necessidade de uma extensão paisagística na psicologia. Por onde passa a introspecção, em que lugar minhas emoções são disparadas, para onde meus sentimentos se dirigem, além de que limiar eles se transformam, de onde irrompem? Essas questões usuais de local parecem, mesmo aqui, pertinentes. Dito de outro modo, de que exterioridade desenvolvida o íntimo se tece?

Como é possível que a tristeza, audível, tangível, dizível, ainda hoje venha colorir as nuvens de amarelo ou que minha alegria, musical e branca, encha, generosa, calorosa e benfazeja, o ar que respiro até o horizonte? Se o fluxo da emoção faz sair de mim as sensibilidades que encantam a paisagem, inversamente, a paisagem ambiente pinta o espaço íntimo e o repercute sobre ele. Eu não recitava a minha vida da mesma maneira quando, na traseira de meus dois bois, preparei as trilhas, ou quando diante do meu computador eu me lembrava, a fim de descrevê-la, de determinada cena de minha juventude; o esforço, o calor, as intempéries existem no primeiro caso, duro e material; há apenas suavidade no outro, puramente lógico. Aquele que sua não experimenta a mesma alma nem goza da mesma maneira do que aquele que crê pensar. Quando o sol se põe no Garona, ele não mostra seu raio verde como ocorre no mar Vermelho, nem as miragens que fazem crer que as falésias do deserto se transformam subitamente numa metrópole ruidosa de arranha-céus. Aqui, não corro o risco de me render à magia; lá, minha alma crê em milagres. Aqui, *O discurso do método*; lá, *As mil e uma noites*. Ao atacar no ápice da aurora, com a picareta, um corredor de gelo iluminado por uma translucidez violeta, *lumen de lumine*, que alma, cercando o corpo do alpinista, não se rende ao sagrado?

A paisagem age sobre mim mediante o trabalho, fácil ou exigente; a alimentação, abundante ou rara; o clima, úmido ou seco; sua habitabilidade, mediante seus horizontes risonhos ou sua árida austeridade. Dependo dela para minha vida e sua duração, para meu corpo e suas comodidades, para minha alma e seus ardores, dependo dela para meu humor. Em seu tempo e sem o desejar, minha alma se faz desértica, solar, glacial, frondosa, bovina, volátil, serpentina, soante de ventos lúgubres ou cantos de pássaros. Cercada de insetos e de cobras venenosas, de marsupiais e camelos selvagens, meu amigo aborígene do *outback* australiano, nômade que arrasta atrás de si 60 mil anos sem agricultura e criação de animais em virtude da ausência de mamíferos e gramíneas em seu deserto ancestral, terá ele o mesmo *eu* que seu contemporâneo, médico em Melbourne, instalado numa cidade litorânea, adepto da prancha à vela e alimentado com carne bovina desde o neolítico? Minha narrativa penetra minha paisagem e a paisagem age em minha narrativa. Retomando a questão abandonada: quem sou eu?, eis minha resposta: o embrenhar de minha narrativa por entre o frondoso de minhas paisagens, externa e íntima.

Já sabíamos que o corpo tem a forma de uma tora, que o espaço da boca, da garganta, do esôfago, o piloro e o intestino até o ânus... permanece, ao seu longo, no exterior, de maneira que nosso organismo gira em torno desse vazio, por vezes ocupado por aquilo que colocamos dentro dele. Esse raciocínio surpreende, já que consideramos nossas vísceras como, literalmente, intestinas ou íntimas; eu desejaria entretanto reconduzi-lo para a circulação sanguínea a outras, desembocando em outros orifícios. Aeremos o corpo, mais para fora de si mesmo, mais pendente para o espaço exterior do que cremos. Assim, comparei a alma a essa variedade a três dimensões da banda de Möbius, dita garrafa de Klein, onde ninguém pode se decidir se está no exterior ou no interior: onde estarão a Ternura, o monte Carmelo, o complexo? Compreendemos, de fato, o que dizemos, quando nossa fala exprime o íntimo? Diga-me então de onde ela vem. Da boca, dos pulmões? Exteriores, então. Do que você está falando? Dos seus complexos?

*

Nas paisagens que sonho e que não sei situar, Ternura ou Carmelo, nas que habitei ou que minhas viagens ao exterior atravessaram, como não suprimir aquelas de minhas leituras e de meu imaginário? Naveguei sobre dez Atlas, coloridos e de papel, ainda mais longamente do que nos oceanos reais; na companhia de Nemo, observei, desse salão, pela escotilha do *Náutilus*, mil espécies submarinas citadas nos manuais impressos; as imagens de Cousteau me embarcaram na *Calypso*, mas também, na companhia de Ulisses, errei pelo sorriso do mar divino, sob a aurora de dedos de rosa; naufraguei como ele; infelizmente, Nausícaa e algumas amigas brincando com uma bola na praia pouco me salvaram das águas e aceitaram retirar algas miseráveis que cobriam meu corpo. Minha tapeçaria íntima é composta de mil mapas-múndi de papel ou sonhos.

Sob seus mapas amontoados jazem, ainda mais ativos, apesar de adormecidos e subterrâneos, como placas tectônicas, as águas primeiras do caos primitivo, preparando sua estase musical, o Éden com suas cem frutas, meu paraíso, o poço do noivado onde beberam os patriarcas, minha sede de mulheres, a montanha do Sinai de meus êxtases, o deserto do Êxodo, a miséria de Jó, desespero negro de meus dias de sofrimento, meus amores carnais e místicos no Cântico dos Cânticos e os de minhas rainhas de Sabá, o lago Tiberíades e sua pesca milagrosa onde eu acreditava ser o Garona e seus cardumes de sável cobrindo as águas, momentos pletóricos de superabundância, ápice da Transfiguração e de meus transportes, o Monte das Oliveiras. O Gólgota, minhas agonias, o caminho dos Emaús, meus encontros... Caminho na poeira das trilhas da Palestina que ignoro se seguem a seca pedregosa entre Jerusalém e Jericó ou se percorrem meu país interior. Não nasci nesses locais, nenhum de meus antepassados pescou qualquer peixe ali, tampouco apascentou o rebanho, passarei apenas poucas semanas por lá, mas, de todo modo, reconheço a terra, o local em que nasceu Aquele que, numa noite de desesperada alegria, arrebatou a intimidade de minha intimidade. Quem sou? Quem sabe? Mas onde estou? Veja a montanha dos Alpes em torno do col de la Bonette; apenas você sabe que, ao contemplá-la, é possível ver ali minha alma. Quem pode situá-la, fora ou dentro?

Ego sive natura

Todos precisamos de uma narrativa para existir. Nós mesmos nos criamos. O *eu* se situa, ao mesmo tempo, no exterior e no interior do *eu* ator.

A narrativa bíblica extrai consequências fascinantes da emergência de uma linguagem tão prodigiosamente humana que se torna divina. O autor onisciente do texto, o autor onipotente das coisas do mundo e da história do povo criam o mundo com a palavra de que os experts chamam de performativa. Deus diz: *fiat*, e foi feito. Autor e criador se confundem. Ora, os autores humanos de mil narrativas posteriores sabem que estão criando apenas texto, signos sobre papel, sombras sobre uma tela. Exceto, justamente, o autor da autobiografia que sabe que, por sua vez, a linguagem do *eu* cria o *eu*, tão performativa quanto a palavra de Deus produzindo as coisas do mundo. Cada um, em seu estilo, torna-se seu próprio criador. Antes de julgar Jean-Jacques, Rousseau o criou. Eu existo pela narrativa que me digo ou que escrevo. *Ego sive Deus.*

Ora, começamos a saber ler, decodificar, traduzir, decifrar cem novas linguagens além daquelas de que falamos; a dos cristais, de cores estelares, a da radioatividade, da bioquímica... não dependem de nossos projetos. Não dependem de nossos projetos. Acabamos de descobrir um amplo conjunto de linguagens não humanas. Escrito, o mundo sabe escrever. As luzes do céu traçam linhas de sombra do gnômon no plano do quadro solar; atravessando planícies, as águas de escoamento galgam as curvas suaves da bacia fluvial;

a erosão esculpe a montanha; as rochas preservam o momento de seu resfriamento; os estratos se acumulam em camadas como parágrafos, as paisagens passam como páginas, as falésias se assemelham a volumes; no gelo perfurado, poeiras atmosféricas marcam a idade de sua descida; elementos radioativos fazem dedução de sua idade; por todo o Universo, o Big Bang traça para sempre a irradiação cosmológica; o DNA programa parte do indivíduo por vir e nele lança máquinas de tradução; o código genético também tem um poder performativo; ele dita e algo se produz. Existe uma paisagem ou margem, fractais nos quais buscamos ler, ao fim, mil linhas; um som que se emana pelos ares, pelo solo ou pelas águas que possamos, ao fim, escutar; e nos dois casos, compreendê-los como se palavras fossem?

São tantas linguagens que explodem em escritos, elas também diversificadas em outras tantas grafias, quanto há de estados de coisas. Inerte ou vivo, o universo fala como nós, escreve como nós, diz e exprime como nós, cria bancos de dados, se lembra, traduz e mesmo, por vezes, mutante, erra ou mente, mas raramente. Essa revolução ptolomaica da linguagem a descentra de nós. As línguas objetivas ultrapassarão em número os idiomas dos homens? A natureza nos despoja da exclusividade da linguagem? Quem, hoje, podia esperar por essa nova revolução que fere de uma vez por todas o narcisismo humano?

Falando delas mesmas, escrevendo a partir e sobre elas mesmas, as coisas do mundo dizem, performativamente, por sua vez, sua biografia? Sim. O Universo, a Terra e a vida sabem contar sua origem, dizem sua evolução, relatam as bifurcações contingentes de seu tempo e deixam entrever, por vezes, a era de seu desaparecimento. Uma imensa narrativa emana do mundo. As coisas em si se conhecem a si mesmas? Talvez. Podemos conceber um autoconhecimento do mundo?

Será preciso que eu encontre, no inerte e no vivo, narrativas e confissões? Quando escrevo, assim, as minhas, terei consciência de que, fragmento fractal do universo, mimetizo as galáxias, o planeta, a massa de moléculas, as partículas de radioatividade, o bramir do cervo ou a plumagem do pavão, orgulhosamente aberta? Assim, o pequeno conto que me cria entra como parte da Grande Narrativa do mundo. Digo-me e me conheço como a natureza se diz e se sabe. O interior mais intimamente secreto reúne-se ao exterior o mais colossalmente expandido. Sabia eu, antes de começar a escrever este livro, que aquela ou aquele que se conta se aproxima o mais possível das coisas? O sujeito falando mistura seu ruído aos dos objetos ressonantes. Escrevo como luz, cristal ou regato; conto-me como o mundo se conta.

Começo a perceber o conjunto das línguas dos homens e as das coisas; sonho com o ponto que as uniria. Atordoado, fascinado, descubro a universalidade da língua e da escrita, sua pregnância global no subjetivo e no afetivo, no cognitivo e no objetivo. Escuto a vibração panlinguística emitida pelos cabos dessa ponte performativa que me une aos outros, a Deus e ao mundo: *ego sive homo sive Deus sive natura.*

Existir na verdade, mentir para existir
Ora, se Deus, onisciente e veraz, não erra, dizem, nem mente, se a natureza ela própria não nos engana, posso, eu mesmo, me dizer verídico e infalível? Não. Claro, posso me enganar sob tal ponto factual; claro, minha narrativa sabe mentir, mas, ao unificar os elementos esparsos, ela me diz outra coisa, menos a ordem da verdade que a da existência. Ela me põe no mundo. Todos precisamos de uma narrativa para subsistir. Isso posto, vibro entre o falso e o verdadeiro pelo menos da mesma forma que, anteriormente, entre o externo e o íntimo, subjetivo e natural. Existo em função do pesado custo da verdade? Não sei, mas sei, em todo caso, que jogo nesse lugar um jogo que, ao ultrapassar o do autêntico e do falsificável, tem como prêmio a vida e a morte. Ao não me dizer, desapareço. A narrativa me importa

então na medida em que é necessário a todo custo que eu a teça para que o fio de minha vida continue. Por aí caminha a existência. Ao tramar o texto do meu conto, teço o fio de minha vida, como o faziam as Parcas. Se nada tenho mais a dizer ou a contar, é necessário, rapidamente, que invente algo para preencher o buraco do nada no qual sinto e vivo o vazio. Então, desesperado, aumento. Exagero, inflo, substituo. Crio ou minto? Com o risco ético da mentira, com o risco patético da paranoia, tomo-me como um deus criador cuja palavra é performativa: creio, duro como ferro ou de má-fé, que vivo de fato como digo e tento, perdidamente, fazer com que todos creiam. Tornado falso Deus enganador, troco minha vida pela verdade; minto para existir. A patologia, que me faz doente, e a moral, que me julga mentiroso, levam em conta esse aumento vindo desse enlouquecimento de morrer sem essa firula, edema ou boia salva-vidas flutuando sobre o mar do Nada?

Ora, o termo autor, eu o disse, tem como origem o verbo aumentar. De onde lhe vem esse alargamento, essa ênfase? A palavra arredonda as faces, adianta os lábios, sopra o vento, influencia as almas. Terei então o verbo alto? O que quer que eu diga, minha língua sonora excede o fato silencioso, meu verbo se afasta do evento mudo. A narrativa não cria exatamente o *eu* que vive e age na realidade. Entre dizer, suave, e fazer, duro, persiste no mínimo um afastamento energético e informacional. De pronto, a aposta e a angústia de existir, de verdade, ultrapassam o cuidado com a autenticidade verídica. Chego a acarinhar a ideia de que se eu me mantivesse em lealdade estrita, aplainando implacavelmente o imaginário, o compassivo, a lógica dos conjuntos embaçados, a esperança cega dos projetos, a angústia louca pela duração, enfim, o virtual, o irreal, o possível e o sonho, eu entraria numa rigidez psíquica de um rigor tão cortante que me impediria de viver e proibiria aos que me cercam todo o conforto.

Acontece-me então prestar menos atenção à veracidade do dizer do que à sua aura, seu possível fulgor, o entusiasmo que comunica e o calor que propaga; eis por que, viajando nas longas ondas da voz, falo melhor do que escrevo. A eloquência eleva a carne como uma colher de fermento aera a massa. O verdadeiro cru, claro e preciso, muitas vezes me parece plano, mecânico, cruel, ascético. Homem de teatro, talvez, romancista, em todo caso contador de histórias, não devo ter deixado as fascinações da infância pela errância iniciática. Creio que encantadora, a linguagem vale por suas bases musicais, seu ritmo, formas e cores, e que ela nos adveio para podermos viver, dançar e se enlevar, para que, com seus sons, possamos construir outro mundo, o nosso próprio, um mundo leve. Um exemplo extravagante, as verdades translúcidas das matemáticas me fascinam menos por seu rigor demonstrativo e mais pela construção de mil palácios de vidro que visito sem cansar suas arquiteturas e suas inesgotáveis maravilhas; nesse paraíso, um incrível acúmulo de evidências torce a intuição de bom senso com tanta frequência e acede a achados tão torturantes que a verdade aí adquire o status transcendente do êxtase; nesses lugares, aprendi a amar o verdadeiro nas já ditas condições de encantamento. Quanto a verdades íntimas, elas em mim são acompanhadas por tal desencadear de emoções – de súbito, vejo mais a emoção do que o estado, portanto, o movimento melhor do que a coisa estável – que as percebo trêmulas, menos desfocadas e obscuras e mais banhadas por uma luz excessiva; vejo-as mal mais em função do excesso do que da falta. Raposa entusiasta: esse velho totem, meu nome autêntico dado à minha adolescência com tanta justeza, descobre em mim essa divindade luminosa ou esse demônio ardente que nunca desarmaram suas garras nem abandonaram suas bênçãos e cuja presença dúbia produz um incessante enlevamento, com harmonias periféricas, um aumento exagerado das coisas e eventos tal que, escutados do exterior, eles podem parecer falsidade ou mentira, e mesmo máscara, ao passo que eu os experimento ou exprimo com um sublinhar, uma acentuação de uma voz, de uma alegria, de um desespero que procuram se fazer escutar de longe ou de muito baixo, ou, ainda, a guiar o interlocutor na direção desse outro mundo que não cessa jamais de esperar. Nunca saltei, falei, pensei, corri, amei, caminhei, dancei, nadei, ri ou chorei, a não ser impulsionado pela esperança.

Continuo a esperar, hoje e a cada minuto, algo de diferente daquilo que vejo, um mundo diverso deste, repugnante de violência e feiura, um homem diferente daquele que creio ser; afastado da esperança, vivo essa alteridade, entre esses dois ramos. Adivinho no outro um herói, um gênio, uma santa ou a deusa dos meus dias, uma lâmpada aureolada, não, não vejo claro, vejo iluminado. Por que você crê que vivo entre livros e de narrativas? Para o melhor e o pior, esse lume excessivo e oblíquo me cega e me queima, me tortura e me encanta. O terço interior e de entusiasmo, sinto-o em mim como o Diabo e o Bom Deus. Ele me salva e me corrompe. E me permite sobreviver. Vivo, penso e amo menos com os dois pés na terra irrecusável da evidente verdade do que perturbado, abalado entre o inferno e o paraíso.

Descartes apresenta intuição e dedução como duas operações do espírito. Elas caracterizam, de fato, duas variedades de espíritos que sofrem da angústia de não gozar; um ritualiza o caminho para chegar a isso; o outro a anula ao correr sem mediação. O primeiro construiu um método, uma lógica, traça um caminho pontuado por limites e altares; o outro pretende que nenhum caminho já traçado permita alcançar o novo. Um, ativo, dedutivo, indutivo, sedutor, espanta as moças; o outro as espera em seu leito. Este demonstra e vai ao verdadeiro; aquele, narra e pode se enganar. Lento, um evoca a clareza das coisas e a certeza da razão; rápido, o outro escuta e vê, se lança no imediato, invoca a teoria do caos, toma bifurcações e saltita aqui e ali. Conservo-me preferencialmente próximo ao último.

Morte e renascimento
Todos precisamos de uma narrativa para existir. A narrativa de método direto raramente erra; com frequência, a intuição acaba por se encontrar com a verdade ao se enganar. Vibrante, pelo menos duas vezes, entre falso e verdadeiro, como entre o externo e o íntimo, o subjetivo e o objetivo, minha narrativa de alegria patética também vibra entre o nada e a existência. Sem narrativa, não valho nada. Para além do erro e da verdade, não sou nada, ontologicamente falando. Como Ulisses, o marinheiro, meu nome é Ninguém. O Capitão Nemo

comanda um submarino nunca visto, mergulhado nas profundezas dos mares; uma caixa preta íntima se apaga dentro de uma caixa preta externa. O apelo: Michel!, cubra esses dois vazios. Por trás desse som de exclamação, ninguém responde verdadeiramente. A dificuldade que experimento a descer nas dobras da consciência interior não vem somente do fato de não vê-las, mas, talvez, em virtude de elas não existirem. Quem sou eu? Essa caixa preta. Obscura, privada de especificações; ou, ao contrário, branca, equivalente a qualquer coisa. Para sair desse inferno, desse nada fundamental, desse escuro, desse branco translúcido, todos os dois vazios, invento minha vida, projeto-a, construo-a, modelo-a, represento-a para mim, conto-a. Precisamos de um talento louco para falsificar assim nosso nada. Admiro o gênio, propriamente divino, desses homens que, antes de nós, inventaram o indivíduo. Era preciso pelo menos um deus para nos tirar desse nada, dessa coisa hiante, do vazio que sinto em mim todo o tempo, a coisa mais real do mundo. A narrativa cria, dessa forma, o *eu* a partir do nada, assim como Deus cria o mundo *ex nihilo*, a partir desse vazio? Esse milagre, do qual você duvida, para o mundo externo, tornar-se-ia um ato cotidiano, íntimo?

*

De que forma a narrativa que conduzo há algumas páginas, malcosida, feita com farrapos, invenções, confissões, lembranças, atenções e inadvertências, com suas saídas e mergulhos, pode unificar minha vida? Raramente o tempo corre de maneira linear; muitas vezes, ele é coado, digo com frequência. As invenções da consciência, da palavra e da narrativa, essas autopoiesis, passam os limiares do escoamento, como se encadeassem membros esparsos em níveis sucessivos. Bem-sucedidos ou mal-ajambrados, como funcionam esses encadeamentos?

Não apenas nasci e vou morrer, mas meu tempo representável corre daqui pra lá, onde permaneço estável por transformações. Mais acima, a identidade designava ao mesmo tempo o princípio lógico $a \equiv a$, e o da individuação $eu \equiv eu$; ele indica ao mesmo tempo a nomeação e uma estabilidade, a mesma e eu-mesmo, *idem* e *ipse*. Chamo-me Michel e, do nascimento à agonia, permaneço bastante semelhante àquele Michel, mesmo sob vinte avatares, estrangeiros um aos outros: pedreiro, camponês, marinheiro, escritor. Existe, então, e em terceiro lugar, duas identidades suplementares: eu, idêntico e nomeado, que vivo e ajo em silêncio ou falo com outros aturdido, e eu que me conto? Como distinguir ator e autor? Aquele que age e se confunde com aquele que conduz a narrativa? Sem dúvida, existe um afastamento entre o segundo e o primeiro, mesmo na autobiografia, na qual aquele que vive representa, em tempo real, sua vida. Se permanecêssemos mergulhados, imersos, na imanência temporal, vital e mundana, a narrativa não poderia se dizer, se constituir, se reunir, se unificar, perderia consistência e duração, como a unidade de seu assunto. O afastamento entre ator e autor permite a este último entrever uma quase totalidade, perceber o ator em suas performances, estabilizando sua identidade através de suas aventuras e avatares. Com sua palavra, o autor se destaca da imanência em que mergulha, nada e se debate o ator. Com esse desdobramento, com essa distância entre duas presenças, com essa fresta de representação se tecem o encadeamento e a trama da narrativa; por essa dobra ou esse buraco escoa e endurece o cimento da minha vida. Esse afastamento do tempo, do nada, do sujeito, da existência, essa distância que tende a transbordar o projeto, os sonhos e as raras realizações, o início e o fim, o nascimento e a morte, deixam emergir outra dimensão, a transcendência.

Situadas nos Infernos de outrora, fora do mundo, fora da história, fora dos atos dos corpos e das almas, as Parcas fiavam, teciam, depois rompiam os fios das vidas. Devo, como elas, situar-me no exterior da minha para dela compor um texto. Sem esse novo exterior, ninguém poderia encadear a narrativa; a imanência pura se desfaria em pedaços disjuntos, ditos por um louco, plenos de ruído e furor. Essa outra dimensão condiciona a narrativa. Essa fresta de transcendência em que se esmeram as três Parcas distancia a morte. Como se afastar dela, falar dela, como representá-la para si, sem se situar não antes dela, visão em tudo banal que esconde o autêntico termo, mas sobretudo após ela? De que forma viver uma vida sem imaginar seu fim, como viver sua vida sem sofrer a morte?

Na *Odisseia*, na *Eneida*, nos Evangelhos, em *A divina comédia*... a descida aos Infernos, mais uma vez, condiciona a narrativa; ninguém para perfurar a barreira negra; nenhuma obra maior que não tenha esse buraco sombrio... porta escura pela qual vejo enfim meu tempo somado; não há narrativa sem seu fim como parada, sem seu fim como objetivo, sem seu fim anunciado, experimentado ao longo de sua duração, sem o sofrimento superagudo desse termo, sem essa dor que por vezes faz minha garganta e meu tempo se estrangularem, que me obriga a me reinventar minuto após minuto como uma criação continuada, que impõe, para que eu a carregue em tempo real, para que eu a conte pacientemente a mim mesmo. Nessa fissura sangrenta e soluçante de paixão e de paciência você reconhecerá uma vida tornada narrativa, que pode se tornar uma obra, você reconhecerá uma obra.

Não há vida bem-sucedida sem essa fissura de vida perdida, sem essa parte maldita de fracassos e de dores, essas pequenas mortes diferenciais, sem incêndio de muralhas nem naufrágios ao largo, travessia do deserto, exílio, êxodo, sem escravidão nem cativeiro, queda na miséria e consolo, sem abandono, angústia ou exclusão, sem nascimento na manjedoura, paixão e crucificação. Por quê? Porque não podemos ver nossas vidas sem o afastamento que abre a vizinhança da morte, sem experimentar sua dor. Meu presente se representa após minha morte. Agonicamente, a vida luta contra ela.

Experimentar, no dilaceramento, esse afastamento da transcendência permite ver a imanência em sua totalidade, representá-la para si, descrevê-la, chorá-la, cantá-la, enfim, relatá-la. Sem essa ferida mortal, permaneceríamos mergulhados no plano oceânico da imanência, sem perceber mais alto, a cada braçada, a não ser a crista das ondas, o acaso da brisa e as correntes da contingência. Quem pretende enterrar-se no plano da imanência esquece, evidentemente, o espaço no qual mergulha esse plano e sem o qual ninguém poderia construí-lo nem mesmo concebê-lo; qualquer que seja a finitude que chore, ele só pode pensar essa ilha em meio ao mar, onde aquele que chora navega e a partir de onde ele a vê, e só conhece alívio a partir de um espaço que habita e do qual ele leva uma carta.

Não há narrativa, nem abstração sem dúvida, sem tal transcendência; não há transcendência sem experiência das sete dores. Não há Memórias sem o além-túmulo. A transformação de uma vida em narrativa passa por essa experiência da morte, por esse afastamento vertiginoso, pela queda no lago Averno, pela ressurreição. Toda narrativa suscita a vida, ressuscita a sobrevida. O gênio do cristianismo lançou uma narrativa que propõe como exemplo de vida bem-sucedida uma vida perdida, iniciada no estrume das vacas, continuada numa errância sem domicílio fixo nem mesa e concluída num suplício assassino. Existência minúscula coroada, após a morte, pela ressurreição. Da mesma forma, acompanhada pela paixão da morte, a narrativa de minha pequena vida me ressuscita. Lágrimas de alegria.

NÓS: NARRATIVAS COLETIVAS

Morte, ainda

Transtornado pelo clarão de Hiroshima, eu ruminava, adolescente, minha cultura privada de piedade; remoo, em minha memória, nossa história machucada por armas, coragem, sangue e lágrimas. Conservado pela transmissão escrita da qual ela tanto se orgulha, seu movimento começa com as guerras intermináveis sob as muralhas de Troia ou de Jericó, pelas batalhas inevitáveis dominadas pelas figuras admiráveis, Aquiles ou Sansão, brandindo sabres ou maxilares de asno. Sob o regime permanente de conflitos perpétuos, sua narrativa não cessou de anestesiar o bastante nossas sensibilidades para nos fazer invejar a sorte daqueles que matam ou agonizam, como se a morte por sacrifício coletivo se tornasse o objetivo e o sentido últimos do tempo de nossas vidas e nossas lembranças.

Xenofonte derrama o sangue persa; Jefté, o dos filhos de Amon; Tito Lívio, assassino de albanos, sabinos, etruscos e cartagineses; Júlio César, exterminador dos gauleses; Roland, o fanfarrão, nos faz crer que ele está talhando apenas o rochedo; São Luís conquista sua santidade ao combater os árabes, erradicando o cátaro; os reis de Shakespeare, o Cid, os Horácios, os soldados do ano II, as vítimas da guilhotina, a lenda napoleônica, sempre revividas, mortificadas talvez, pelas conquistas coloniais e duas guerras mundiais exaltaram nossa juventude a ponto de nos fazer crer que seria preciso dar nossa vida e tomar a de nossos irmãos que somos persuadidos a odiar do outro lado de nossas fronteiras e dos mares, a fim de que nossos pais, ao ensinarem a moral ignóbil do ressentimento, da coragem e do heroísmo, matem seus filhos sem qualquer risco.

Ainda hoje, como naquela manhã, revejo minha cultura e minha história como um rio abominável cuja abundância transbordante carreia sangue e membros esparsos sob grito dos corvos e soluços das mulheres, viúvas brancas dos combatentes mortos no vigor de suas idades, sexo roubado.

Esse em direção a que um movimento, cegamente, se precipita, seu fim, por vezes, o exprime claramente.

Ele não tinha objetivo, de fato, mas que ele chegue enfim a algum lugar, interpretado então como um alvo, e esse acabamento revela seu passado. Como no futuro anterior, imagina-se ler aí seu destino completo, como a intenção de seu elã.

Subitamente ampliado, parado, imóvel, congelado, esse fluxo histórico começa então a apodrecer. Em todo o mundo se espalha o odor pestilento, irrespirável, da história ocidental. Eu o senti, vi e compreendi: Alexandre, jovem conquistador, se decompõe em Hitler; coroado de louros, Júlio César se petrifica em Mussolini; Napoleão se corrompe em Stálin e o marechal Foch em Pol Pot; os hoplitas, os cruzados, a elite da tropa, todos os que partiram com a flor no fuzil... ei-los de volta, corrompidos, nazistas, infectados em stalinistas, avariados em camicases, gangrenados em integralistas, embolorados naqueles que brandiram o eixo do bem. No rosto descoberto dos assassinos contemporâneos se revelam os heróis da Antiguidade.

As figuras ilustres de nossa cultura reaparecem sob sua luz verídica e leal graças à verdade fedorenta do nosso século XX e a dezenas de milhões de cadáveres, século no qual o gênio foi de súbito retomado, ao maximizá-los até o zênite, todas as abominações gradualmente perpetradas no tempo que passou, foi cravado o acorde sinfônico terminal das pequenas sinfonias prévias, foi paga toda a dívida que nossos pais só puderam quitar com trocados. Vítima de uma indigestão de história, nosso tempo vomita seu passado, ao fazer o resumo, o acréscimo, a síntese, a integral e ao exprimir claramente o sentido de todos os horrores históricos e culturais que fomos obrigados a deglutir, a imitar, a admirar. Soube então que, de longe ou perto, Stálin já se preparava em Napoleão, Hitler em Alexandre e Mussolini em Júlio César; o rascunho de Foch precede o próprio Pol Pot; o esboço dos gauleses e dos cátaros erradicados prepara a purga da Shoá; contornos antigos, a tomada de Troia abre a atualidade do bombardeio de Dresden. Um após outro, longínquas ou próximas, todas essas figuras prometiam a consecução, o cumprimento de seu projeto. Essas tentativas apressadas corriam em direção à sua Verdade, agora desveladas. Nossas culturas ensinam o assassinato. Leio no sangue o sentido da história e nos crimes contra a humanidade seu objetivo. E já que essa verdade enfim aparece em tela gigante, freme a esperança de que soa, enfim, o fim dessa era.

Nesse cumprimento das promessas do qual minha história dá mil imagens esparsas, eis aí, com precisão, a revelação que trouxe o século XX. Com uma esperança imensa, chamo de desumana toda a época precedente e que se concluiu, porque essa palavra época significa, de fato, a duração de uma era, mas, mais profundamente, mais literalmente, de maneira mais decisiva, indica que um segmento, começado ali, acabou aqui; que um parêntese, aberto com a escrita num tempo recuado, em tal data se fechou; que o que começa sob os muros de Troia e se perpetuou dos canhões aos couraçados e dos torpedos às bombas, de geração em geração, se arrematou nos ápices de horror de minha infância; que, longamente criada, acariciada, preparada, amadurecida, educada, instruída, escolhida, ilustrada, delicadamente florida, cantada de maneira ensurdecedora... por alguns milênios de cultura assassina, a Besta tanatocrática se revelou, totalmente, nas nuvens de Hiroshima. Menos o canto do cisne do que o grito final do Leviatã História. Nesse caminho de cultura, esperemos que não tenhamos de ir mais adiante do que essa revelação. Então essa época se fechou.

Libido *de pertença*

Nós participávamos da pertença que tais heróis sangrentos ilustravam. Devíamos combater os troianos, persas, filisteus, bárbaros, *esses ferozes soldados* que falam outras línguas, habitam o outro lado das montanhas, comem, bebem, amam, se governam de outra forma e pertencem a outros grupos. Nossos heróis fazem nossa história que faz nossos heróis que fazem conjunto de nosso subconjunto. Quem somos? Participantes de nossa pertença.

Sem dúvida, não podemos passar sem ela. Amamos em dupla, comemos em família, vivemos em nossa região, colaboramos com os assuntos da cidade ou da profissão, pensamos de acordo com nosso corporativismo, falamos nossa gíria, respeitamos nossa cultura e, por vezes, a pátria, tudo isso na companhia de comparsas, orgulhosos de uma civilização comum. Mas essa paixão, cuja intensidade encanta nossa felicidade e nos enlaça em nossos próximos, a pares, a semelhantes, acarreta também a violência. Querelas entre tribos, guerras entre nações. Luta de classes, a rivalidade opõe, tanto e ainda mais do que as pessoas, os grupos dos quais temos prazer em fazer parte. O dilúvio de fogo e de sangue em que se banha minha infância tem sua nascente nessa pesada *libido* de pertença, densa de ruído e furor, de assassinatos sem expiação possível, com culpabilidades imprescindíveis? Toda a minha vida tive essa suspeita. Mas podemos sonhar em viver sem comunidade? Será preciso, também nesse caso, que o amor se misture ao ódio e a solidariedade ao assassinato sacrificial?

Sem dúvida não podemos passar sem pertença. Eis-nos no paredão de escalada, o guia, uma amiga e eu. Alegria discreta. Na cordada formada já há algum tempo, cada um sabe como o outro reagirá e chega a antecipar sua conduta. Uma palavra, um grito, um apelo discreto, uma tremida na corda bastam para comunicar o detalhe indispensável. Econômicas, as intenções respondem aos gestos e os silêncios ao mutismo. A cordada se agarra e acaricia a montanha, que responde, muda, à cordada. A corda escreve sua linha na via já traçada no paredão. Só matraqueamos durante o caminho de aproximação, diálogos de mãos livres e o corpo solto. Mãos e pés ligados pela presença transcendental da montanha, nossos corpos e almas se tornam transparentes. Falaremos de novo, livremente, no cume, desatados. Entre a base e o cimo, acordos tácitos de detalhe, contrato silencioso de conjunto. Quem escala a via? Nem você, nem eu, nem ele: *nós*. Mas como nomear esse nós de uma cordada, como dizer ou descrever o que se faz sem palavras? *Nós*: unidos, ligados; *nós*: sob o contrato da corda. Você quer ver, tocar, experimentar concretamente o mais vivo contrato social? Venha conosco galgar o Pelvoux, você poderá observar o papel da corda. Ela nos une, amorosos, apaixonados pela beleza, jurídicos, religiosos. Alegria leve de agir em conjunto.

Horror. Alimentado desde a infância por guerras sem expiação, contemporâneos de dezenas de milhões de mortos, enojado para sempre com cadáveres, por muito tempo vomitei ideologias arranjadas que, valorizando pátrias, partidos, seitas ou classes, conduzem seus militantes, militares, cidadãos, sectários, engajados por mil naturezas a morrer, ensanguentados, pelo Leviatã correspondente. Fujo da massa em fúria e suas vociferações; odeio os grupos de pressão, aliados para conquistarem o poder e propagar, disfarçando-a, a injustiça. Ao ouvir a definição de sociologia como um esporte de combate, rapidamente me torno pacifista. Eu preferia as pequenas equipes, rapidamente dissolvidas, nossa cordada na alta montanha, meus antigos barcos ligeiros, as cooperativas, as associações esportivas que tendem ao folclore. Com isso, passei meu tempo, muitas vezes arrependido, em trabalhos solitários, ao passo que, porém, amo a vida comunitária, de ciência ou de exercício, desfrutando compartilhar a dor, a obra, o pão, o sal, os risos e as festas, jogando como e para outrem. Como a língua de Esopo e o amor apaixonado, o coletivo leva ao crime e à felicidade, ao pior e ao melhor. Necessário e perigoso.

A crise do coletivo

Questão: lealmente falando, de que coletivo, hoje, meus contemporâneos e eu mesmo temos verdadeiramente vontade de fazer parte? Supondo que essa *libido* de pertença nos atice, em que direção levaremos nossa adesão, assinatura e entusiasmo, chegando até a dedicar todo ou uma parte de nosso dia? O individualismo, do qual muitas vezes se queixavam os contemporâneos doutos, nasce também desse desgosto pelas mortes perpetradas pelas ideologias que destruíram minha juventude, passada a ladear mortos em valas. Citem o coletivo bastante digno para que nele seja investido o consentimento, a crença, os atos, e mesmo o engajamento de uma existência. Um tipo de relativismo cético nos faz tomar grande distância dessa escolha. Quantas instituições que desencadearam o entusiasmo de nossos pais hoje se parecem com estrelas cujo brilho é percebido por nossos olhos, mas que a ciência mostra que morreram há lustros? Sua frieza não atrai mais tantas pessoas.

Para além de uma escolha possível, a questão incide preferencialmente sobre a intensidade do investimento necessário. Precisamos viver em grupo, confesso ao mesmo tempo que meus amigos. Acabamos de nos filiar a esse grupo. Que energia ele requer? Devemos viver e morrer por ele? A resposta surge: não. Que grupo, hoje, merece o sacrifício de nossas vidas: a pátria? Já dei a ela a alma da minha juventude. Não recito nem canto de bom grado os apelos assassinos de *La Marseillaise*. E convido meus semelhantes a esquecer a ruidosa letra desse hino, mesmo que dirigentes, oriundos de outra época, desejem que nossos filhos aprendam de cor a chupar seu sangue. Pois esses outros, vindos de outro lugar e participantes de outro grupo, não podemos mais, sem crime contra a humanidade, considerá-los hoje como inimigos, como "ferozes soldados que vêm aos nossos braços degolar nossos filhos e companheiras". Não, nós não daremos mais nossas vidas nem ofereceremos as de nossos descendentes para assassinar esses vizinhos, pelo menos europeus, pelo menos humanos. Diante de meus alunos, face a meus sucessores, eu os chamarei preferencialmente de irmãos de adoção e os convidarei a virem, até os meus braços, rir e jantar com minha companheira e, por que não, cortejar minhas filhas e netas. Até minha morte, e por dileção adotiva, cantarei a filiação humana preferencialmente a esse ódio. Se fazer parte de minha pátria exige essa ignomínia, melhor me recolher ao individualismo. Nenhum entusiasmo me inflama nesses gritos coléricos. Não quero mais crer nessa narrativa nem cantar o ignóbil racismo de "um sangue impuro". Ninguém mais, pelo menos na França e no Ocidente, e mesmo até no mundo, pode ouvir tais arengas. Não há nada pior do que não amarmos uns aos outros. Nenhum grupo, simplesmente humano, pode justificar o investimento de sua vida, salvo, talvez, o sobrenatural, o super-humano, ou os projetos humanitários globais; em todo caso, nada autoriza que o sangue de outrem seja derramado.

*

Sem dizê-lo, os governos o sabem, já que as armas voltam a se tornar ofícios. Os velhos que ocupam o poder não se reconhecem mais no direito de negociar com aqueles que clamam para além das fronteiras o assassinato de seus próprios filhos pelos deles; o que os livros de história chamam de guerra. Cremos ainda numa das maiores cegueiras da história? Ensinado em todos os lugares, citado, incensado, certo médico vienense teorizou há algum tempo e seus tenentes popularizaram o dogma do assassinato do Pai, ao passo que, ao mesmo tempo, de 1914 a 1945, em 31 anos e dois conflitos, alguns raros velhotes, disseminados na Europa e no mundo, matavam seus filhos, às dezenas de milhões. Eis um dos progressos contemporâneos notáveis: diante de cemitérios gigantes, quem suportaria ainda essa mentira? Nós não compreendemos melhor os atos dos camicases nem o suicídio dos terroristas. Não recitamos mais sem repugnância os versos de *Horácio*, de Corneille, que encantaram a juventude de três séculos, mas não a minha: "Morrer pela pátria não é uma triste sorte, é imortalizar-se por uma bela morte." Encontramos hoje, justamente, horríveis narrativas escritas para embelezar cadáveres aos montes. A esse preço não queremos mais nos definir exclusivamente como participantes de uma pertença: cada uma delas se torna racismo. Tendo adquirido mais domínio sobre nossas vidas singulares, recusamos nos sujeitar a uma ideologia que seja o disfarce da violência coletiva. Queremos muito ceder às delícias da participação, mas com a condição de que a existência do coletivo escolhido não roube a de ninguém. Desejamos abolir essa pena de morte. Que grupo vale uma vida?

A minha: sim, só existo se digo uma narrativa. Mas nós também existimos juntos, algum coletivo ao qual nos filiemos, a não ser se contarmos sem cessar sua fundação, seu desenvolvimento, suas catástrofes e seus renascimentos. Verdadeiro para dois amantes, verdadeiro para a cidade de Atenas, a Igreja romana, a nação francesa, o continente europeu... Desde o ataque de minha página, escritor de pertença. Eu contei minha juventude, nossa história e a do último século. Existimos, como *nós*, na e pela história, que defino de bom grado como um modo de existência do coletivo da qual ela narra seus episódios mais baixos e mais altaneiros. Sem ela, ele não desaparece?

Com que condições você aceitaria se filiar a tal grupo? Que investimento, que motivação, que energia, em geral, você quer, você pode, você deve dedicar a essa pertença? Outra versão das questões colocadas há pouco: que crença conceder a sua história? Quando contei minha vida, o autor dessa narrativa devia, lembro-me disso, para criar a separação que possibilita o desdobramento dessa palavra, ultrapassar a morte de seu ator. Acabamos de reencontrar a morte no cerne da questão que concerne à história coletiva. Ela nos forçava a aceitá-la, e mesmo a desejá-la? Agora, nós a recusamos, queremos abolir os sacrifícios humanos cujo sangue cimenta os grupos. Tive o suficiente do meu próprio lago de lágrimas, eu e nós não queremos mais crer nessa história sangrenta, recusamos a ela nossa adesão. Desejamos abolir essa história de morte.

De maneira que me vejo, que nos vemos, que todos os homens hoje se veem rapidamente nesse outro estado, hesitando ao assinar um contrato social inédito. Eis o que chamo de crise da pertença: cada um existe, em si e por si, individualmente; uma aventura várias vezes milionária na África e cem vezes milenar por todo o mundo, acabamos de aprender a tomar consciência, nos faz existir como espécie. Eu existo como *eu*, há dois milênios, em teoria, e mesmo há poucas gerações, de fato; existimos todos como gênero humano apenas desde a manhã de ontem. Vivo, ajo e penso num ponto singularmente local, eu aqui e agora; participamos todos do destino global da humanidade, na totalidade do mundo, doravante inteiramente habitado, pelo conjunto das circulações humanas, mas também vivas, inertes e climáticas.

No meio exato desses dois estados, um local e singular, outro global e específico, não sabemos mais recortar nossos grupos, onde situar nossas coletividades, como escolher os subconjuntos, onde e como investir nossa *libido* de pertença. Ao centro desse *eu* e de um *todos* bastante novos, o *nós*, sujeito mais antigo do que os outros, entra doravante em crise. Ele suportou nossos pais, nós o perdemos. Quem somos nós, então, o que contar sobre nós? Existe um novo *nós*, como pareceram o *eu* e o novo *todos*? Mas onde ele se encontra, onde situar o meu? No hábitat, no trabalho, na linguagem, nos usos e costumes, nas classes sociais, nos ritos, na bandeira? Minha sobrinha dizia: "Não posso mais me tornar religiosa do Bom Deus; não quero dedicar minha vida a um partido; mas eu temo mais ainda viver como a freira de uma empresa." A que grupo desejará ela se filiar?

Cidadão errante

E o que contar de minhas pertenças? Móvel, moro na Gasconha com meus agnatos e cognatos cuja língua falo, a Auvérnia na companhia de gente de Cantal e Creuse, o subúrbio do sudeste de Paris, vizinho da molecada e de imigrantes de dez países, o parque do

Queyras com gente dos Alpes, a Bretanha, no mar com marujos, a Dinamarca e a Itália com meus amigos, tão sofisticados, de Florença e de Aarhurs; a Europa, portanto, mas também a Califórnia e seus engenheiros e seus latinos, o Québec, participando das comoventes lembranças da Nova França, os Andes e seus guias, o Brasil com minha filha, quase adotiva, de São Paulo, o Japão, na deliciosa fraternidade dos amigos tradutores, o Himalaia com seus xerpas, a China em harmonia com seus camponeses, o Líbano e suas religiões patéticas, a Austrália, magnífica de solo e humanidade, Djibuti, a floresta malinesa e a África do Sul, fascinantes, perigosas... Vivi em todos esses lugares, esses grupos e mesmo outros, que amava, que ainda amo, sinto-me pertencer a cada um deles, de certo modo. Repartido de corpo e alma como mistura de culturas, fundi a minha, original, num mesmo número de soluções. Falo, muito mal eu confesso, algumas línguas... participo de civilizações antigas, cátara, occitânica, francesa, espanhola, portuguesa, italiana, sul-americana, inglesa, alemã... judia, cristã, católica, protestante, ortodoxa, aberta a outras religiões... Onde situar minha coletividade vivida e verdadeira? Por toda parte, em lugar nenhum, aqui, lá. No meu lugar de nascimento, sim; naquele em que, porventura, mergulhei minha mão, sim também. Flutuantes, minha pátria jaz na interseção de pátrias, minha cultura na interseção de culturas, minha pertença ou civilização numa outra interseção, de maneira que, turbulento, meu corpo assombra vários cruzamentos. Meu caso, usual, se propaga hoje.

Nós nos tornamos cidadãos do mundo, como os estoicos no fim da era antiga; e quando votarmos *on-line*: internautas. Creio ver se dissolver e morrer as fronteiras traçadas pelas histórias violentas, militares, criminosas. Constato com tristeza que só se constituem em torno de mim grupos medíocres de pressão, apressadamente formados para alcançar algum poder e devorar pequenos benefícios; repugnantes, iníquos, desprezíveis. A crise de civilização que atravessa o Ocidente, e sem dúvida todo o mundo vem, certamente, do processo de hominescência que descrevo, mas também da dúvida que nos toma hoje: a que grupo pertencer que poderia interessar nosso futuro e conduzir o de nossos descendentes? A essa questão suspensa raramente sabemos responder. Sedento de entrar numa equipe, eu o procurei sem encontrar. Por toda parte vejo se formarem, rapidamente e pouco numerosos, grupos simpáticos, flutuantes, a projetos restritos, logo desaparecidos, passageiros, como se cada um pusesse neles, prudente, apenas um pé. Observo mesmo que aderimos com maior prazer, aposentado, ao campo e a vizinhos raros e horizonte retirado que fatigamos, durante nossa vida, por entre oceanos e latitudes. Resta, como dizia, o "humanitário"; mas, justamente, ele se refere a *todos*; ou o sobrenatural, mas seu reinado jaz fora do mundo.

Diógenes, o Cínico, vagava, como se diz, pelas ruas, carregando uma lanterna acesa em pleno dia, gritando: Procuro um homem! Sem encontrá-lo, ele procurava uma pessoa ou um homem universal, como uma espécie de gênero. Por quê? Porque nenhum dos dois existia no tempo dele e que só se podia encontrar, na cidade, cidadãos ou estrangeiros, escravos ou homens livres, machos ou fêmeas, marujos ou agricultores... todos participantes de uma comunidade política, social, religiosa, sexual, artesanal... enfim, pares engajados em pertenças. Não *ego*, não humanos. Num caminho oposto, a situação é hoje revirada: errando, mergulhado numa massa confusa de indivíduos e entre os cosmonautas da nave *Terra*, procuro uma comunidade inencontrável.

Pertença mais leve
Desconfio que a *libido* de pertença tenha causado muitos males, violência e furor. Amamos, entretanto, por vezes, nos aninhar, ali, numa cabana na floresta de coníferas. Estrangeiros ao largo, respiramos melhor no espaço reduzido. Amamos uma paróquia, vizinhança, enraizamento.

Certo, mas agora mudamos. No momento em que a agricultura caseira cessa de estabelecer as bases de nossa cultura, perdemos os laços que nos prendem à gleba, a nossos altares e lares. *Homo viator*. Tornar mais leves nossas pertenças, eis nosso estado presente e nosso programa: escutamos esse exílio declinar em várias línguas. A Grande Narrativa dá disso uma versão evolutiva, temporal, hominídea, imanente. Há 100 mil anos, nossos ancestrais deixaram a África e as delícias do berço; todos nós que povoamos o globo descendemos diretamente desses viajantes. Não podemos nos dizer nem da Gasconha nem de Yokohama. Eis a segunda versão, religiosa, desse alívio. Uma queixa santa, cujo patético pertence não somente às religiões cristãs, transforma nossa existência numa emigração; atirados em margens estrangeiras, saímos de casa. Choramos com a lembrança e a falta que sentimos de nossa origem, o seio de Abraão, e esperamos voltar a ela. Mito ou realidade, ilusão ou fé profunda, a narrativa desse exílio transforma nosso nicho em hotel de passagem, nossas paisagens familiares em horizontes estrangeiros, a totalidade do mesmo em outro. Não somos daqui. A vida verdadeira brinca em outra parte. Versão cultural, agora: a mobilidade recente de nossa sociedade, desterritorializada, nos faz multiplicar as mudanças. Vivi em Brest e Toulon, Clermont e Vincennes, Seul e Tóquio, Melbourne e Brisbane, Baltimore e Stanford, Montreal e Buffalo, Djibuti e Bamako... quem pode dizer meu endereço? Versão técnica: eu lhe dou meu novo endereço sem me referir ao espaço. Por telefone celular e e-mail, enuncio apenas números: não habitamos mais lugares. Meu endereço não utiliza mais, para situar minha casa, coordenadas métricas, mas flutua na topologia, sem distância, de meus possíveis deslocamentos. Você pode me alcançar em qualquer lugar para onde eu viaje. Não frequentamos mais o espaço habitado por nossos pais desde sua origem africana: essa "situação" muda o que os filósofos antes chamavam o "ser-no-mundo". Nova versão, desta vez política, desse exílio tão profundo a ponto de se refletir, vemos isso, em múltiplas facetas: sinto-me cada vez menos cidadão francês e cada vez mais cidadão do mundo, certamente, mas, num tempo intermediário, cidadão europeu. Mas me sinto menos europeu do que me sentia na França, e menos francês do que gascão; quero repetir com isso que o mérito dessa instituição originariamente e originalmente pacífica consiste em não exigir minha vida nem a de meus netos para defender suas fronteiras. Ela busca, ao contrário, ampliá-las, sem conquista, com acolhimento, sem guerra nem luto. Nossos pais construíam Estados e nações por meio de conflitos, no sangue, nós edificamos essa comunidade com irenismo: daí sua feliz fragilidade. Alegre versão, lúdica e mesmo derrisória, do mesmo exílio. Brincávamos, na Califórnia, com um amigo britânico, de torcer, como se diz, ele pela equipe de futebol que joga em Liverpool e eu pela dos girondinos de Bordeaux, ele pela da Inglaterra e eu pela da França. Nós nos inflamamos um pouco, sem muito acreditar na coisa, muitas vezes rindo, e isso nos permitiu que nos convidássemos a jantar no momento das vitórias e de consolar o outro em caso de derrota. Dito isso, as equipes, em sua maior parte composta por estrangeiros à cidade, e mesmo ao país, a sucessão rápida de torneios, a persuasão de que se trata apenas de dinheiro, e mesmo de doping, logo tornaram derrisória essa competição. A pertença, brincamos com ela. Eis então de tal forma aliviados que ela nos aproximava mais do que oporia o judeu-inglês ao católico da Guiana. Eis, por fim, sua verdadeira versão metafísica: onde quer que me encontre, mesmo nas margens abençoadas de minha infância, mesmo a vinte mil léguas desse local, experimento, como todo homem, que não sou daqui, nem de lá, nem de qualquer lugar, pouco importa a latitude. Nem desse endereço onde se ergue a casa em que moro, de tempos em tempos, há quase quarenta anos e onde, talvez, morrerei. No mais íntimo de mim mesmo, no mais profundo de minha cultura e de minha história comum, no mais universal disso que faz de mim um homem, genericamente falando, esses três sujeitos que me formam, vivem, aqui ou ali, como estrangeiros a esse lugar, a essa edificação, a esse espaço e mesmo a este tempo. Experimento apenas uma pertença mais leve. Ou antes: nascido na planície, sou do mar e da montanha; nascido no campo, nunca serei da cidade; mas sou, ainda, do deserto, do rio, dos grandes espaços e dos cumes.

Sou... há lustros, hesito, ainda, a utilizar esse ver auxiliar. Ora, esse termo, auxiliar, diz mesmo o contrário do que pretende. Não a expressão de um estado, de uma estabilidade, de uma perenidade, e mesmo da unicidade, mas, oriundo, ele também, da família do verbo "aumentar", ele implica um reforço eventual, um incremento, essa intensidade variável que senti há pouco ao relatar minha própria narrativa. Sou, certamente, daqui, de lá, de algum lugar: mas um pouco, muito, apaixonadamente, loucamente, por vezes, de forma alguma, com frequência; e em tudo, menos ou mais intensamente. Meu ser-aí torna-se um auxiliar instável, uma ajuda vital, um acréscimo de alegria, um decréscimo de melancolia. O auxiliar se aparenta do autor, dessa mesma família, vimos, do aumento. Permaneço, por meio de minha narrativa, o autor de minha vida, mais esse ou aquele ambiente, esse ou aquela pertença me ajudaram a escrever e, assim, aumentam ou diminuem o intenso interesse dessa narrativa. Vivo melhor aqui do que em outro lugar, por vezes, e melhor em outro lugar do que aqui, com frequência. Isso depende.

Estável, cortante, a dois valores e baseada, como ela, no terceiro excluído, a lógica extensiva sublinha e agrava a do nicho animal e da pertença. Doravante, passamos menos a habitar os lugares e mais a frequentá-los intensamente. Da lógica dos conjuntos nebulosos seguem nossas flutuações. A essa hora, estou aqui, com você, e em espírito, em projeto, lamentando, ao mesmo tempo, em outra parte, com outros, a quem também amo e com os quais sonho, talvez. *Tertium datur*. Não sou, passo, erro. Acontece-me jogar a âncora. Eis-nos, mais uma vez, embarcados.

Disputa e multiplicidades
Diógenes e eu, dizia, procurávamos por um grupo, hoje, sem o fardo dos ódios, ameaças e assassinatos, mas antes pacífico e leve. Para buscá-lo, e inicialmente reconhecê-lo, apaguemos a lanterna, inútil no dia e surda à noite, abramos menos os olhos do que os ouvidos. Você continua a desejar ver, o que você não quer ouvir? Que artista desconhece que a execução musical aproxima os membros de seu quarteto, ao passo que palavras e frases com frequência os separam? Ensurdecido pelos gritos

de agonia, urrados nos conflitos de minha infância, repugnado pelos hinos odiosos e as narrativas parciais da história, amo, da alegria pacificada, o silêncio. Quase todos os grupos fazem barulho.

Caminho para o pátio de recreio, uma praça pública, a feira, a estação, o estádio, o anfiteatro lotado diante do qual farei uso da palavra... locais numerosos em que me assalta um ruído de fundo em lençóis de névoa. O grupo se reconhece ou pelo menos se anuncia, de longe, pelo burburinho, o ruído branco e ainda mais intenso e ainda mais invasor que faz crer o número de participantes. Escute aí o equivalente coletivo do caos subjetivo de minha alma, ardente de vida e de sangue, de emoção, de conforto e de ressentimento, mas também o rumor objetivo do oceano calmo, da avalanche ou do furacão, das tempestades telúricas do terremoto. Os sinais que emanam da coletividade dizem a importância da assembleia, seu número, sua alegria por aclamações, sua cólera indignada, a intensidade de sua violência, sua disputa, ruído e furor. Assim posso adivinhar, pelo ouvido, que a recreação já começou, que uma rixa se agrava, que uma equipe marcou um tento, que a partida do trem esvaziou a plataforma, que a chegada de outro a lotou, que os veranistas desertaram Paris. De um pequeno agrupamento a outro, mais numeroso, escuto crescer essa desordem. O que significa o clamor da cidade, esse horizonte sonoro, constante como o murmúrio do mar, a não ser a presença coletiva, o anúncio do *nós*?

Que sinais emergem desse arbusto? Nenhuma casca se desprende, nessa escala, da nuvem de algodão. Ouvinte atento, eu gostaria de tomar uma distância ainda maior, para tentar escutar um ruído de fundo no qual emissores se multiplicassem de maneira explosiva e cujas massas e as cidades se reduzissem a simples elementos. Eu sonhava assim ouvir os ruídos autênticos dos coletivos amplos, os rumores enchendo um espaço tão grande quanto a Europa ou a França; as inumeráveis miríades de eventos zumbidores cujas direções e intensidades se reencontram e se chocam através um continente e cujos sons surpreendem, escandalizam milhões de pessoas ou as deixam frias, ódios e amores, adventos surdos e tácitos, manifestações, acessos ensanguentados ao poder, guerras, conflitos... entrecortados por raros instantes tácitos de paz. Podemos medir, para conhecer, a distância adequada a partir de onde escutar a confusão gigante, inaudível de longe, mas também inaudível de perto, de onde se possa perceber apenas o zumbido de pequenas assembleias? Quem poderia, quem saberia perceber esse ruído e descobrir a distância onde chegasse ainda o rumor formidável emanado do imenso espaço onde se movem, se entrechocam, se transformam as multiplicidades reais da história? Cosmonautas, vocês estão escutando as querelas do planeta azul?

Primeiro objeto do historiador: essas multiplicidades variáveis, brownianas, quânticas, flutuantes, perceptíveis, das quais não avaliamos nem a tonalidade nem os locais precisos de emissão ou de recepção, de desordem real, mas quase teórica, mal definida, não cercada por um limite, por uma linha melódica, dificilmente dizível. O que dizer sobre isso? Que ninguém ainda captou a cacofonia ou a sinfonia. É mesmo preciso julgá-lo inacessível à compreensão? E, porém, compreendemos sem esforço que não pode haver história leal de uma coletividade, que exprima de muito perto sua natureza e sua realidade, sem a audição refinada da totalidade do ruído que ela produz, sem uma escuta inteligente desse burburinho confuso, sem uma sensibilidade rara para os uivos desordenados de sua violência, para o ardor desse fogo novo, dessas deflagrações, desses jorros caóticos, do leque explosivo desses sentidos antes de todos os sentidos, dessas florestas densas de mensagens em todos os sentidos. Nessas multiplicidades inumeráveis, a história, entendida ao mesmo tempo como desenvolvimento de coletividades humanas e como disciplina, encontra os grandes números, o acaso, o domínio escolástico. Será que nos damos verdadeiramente conta disso? Nós contamos, fingindo descobrir leis e um conjunto tão propriamente caótico que ele chega a obedecer, teremos de dizê-lo, às leis que dominam o caos físico.

Do mesmo modo que, com frequência, sem entrar lealmente no caos ardente de nossa vida própria, nem escutar o burburinho confuso de nossa alma, tomamos de empréstimo a narrativa de outra personagem pública que admiramos e imitamos, da mesma forma a história se narra muitas vezes na forma de um empréstimo de um mesmo gênero, cuja distância imensa para as multiplicidades temporais e humanas de fato dificilmente pode ser medida. Salvo raras exceções, a disciplina evoluiu menos do que a literatura em direção ao reconhecimento leal dessas multiplicidades. Tentei fazer isso em *Roma*.

Fazemos tanto ruído que tudo acontece como com um ladrão na noite. Que decisões tomar em face desse braseiro crepitante? Ou a resignação que, desse ruído, apenas a boca de uma massa de loucos poderia reproduzir seu rumor. O *nós* se perderia no clamor do insensato. Ou reconhecer aí o apodrecimento cujo fedor senti, desde minha adolescência, passadas algumas décadas de violência inominável, como durante o pesadelo onde apareciam...

> [...] *un horrible mélange*
> *D'os et de chairs meurtris et traînés dans la fange*
> *Des lambeaux pleins de sang et des membres affreux*
> *Que des chiens dévorants se disputaient entre eux.**

Sonhando com adventos semelhantes àqueles com os quais comecei minhas páginas, Atalia tenta nos fazer ouvir o burburinho de latidos rugindo violência, emanados não de uma matilha canina nojenta de sangue, mas da massa propriamente humana, cujo furor retalha a ou as vítimas que encontra. Da cena ignóbil e de seu rumor rasgado eleva-se o sonho; do sonho da rainha, Racine retira a música de sua poesia; esses clamores lhe ditam a narrativa; desse atroz fundamento caótico e sonoro advém a tragédia, esse trágico mortal, no fundamento de nossa história, aquela para a qual desejo que o século morto conclua a morte. O cerne das tragédias gregas da Antiguidade já exprimia a música prima oriunda desse ruído? Desse burburinho primeiro, dessas tonalidades

---

* Uma mistura horrível / De ossos e carnes feridas e arrastadas no lodo / Farrapos encharcados de sangue e membros abomináveis / que cães devoradores disputavam entre si (Jean de Racine, *Chanson de Athalie*). (N. T.)

escalonadas, desses estratos empilhados, tão semelhantes aos que encontramos na formação da alma, que deus, que sábios, que humanidade enfim criará outra história?

Por minha vez, imagino, dessas multiplicidades inumeráveis e barulhentas, erguerem-se os sonhos, as músicas, as representações, as culturas do mundo. Não conhecemos nenhum coletivo sem cultura, nenhuma cultura sem dança, música e representação, sem mito nem epopeia, em suma, sem narrativa.

Que nuvens de ruídos singulares recobrem e integram as magníficas músicas malinesa, chinesa, andina, italiana... singulares, decerto, mas suficientemente universais para que possamos escutá-las? A universalidade, relativa, mas real, da música é extraída daquela, absoluta, do caos, da ausência de sentido disso que chamamos de ruído branco? Creio que sim. Cada cultura, cada música, cada narrativa, todas singulares, todas como fonte de gozos de pertenças, vão beber na universalidade nesse burburinho, no fôlego que precede o sentido. Mais tarde, a narrativa, sensata, a esquecerá. As ditas diferenças culturais lançam suas raízes no universal insensato do ruído.

Poderia eu, então, francês, calcular um tipo de série de Fourier cujos elementos produziriam Josquin des Prés, Couperin, as velhas cantilenas dos vilarejos, Rameau, Berlioz, Ravel, Poulenc... horror, *La Marseillaise*...? Se essa soma existisse, ela integraria as vozes e ruídos da França em tantos séculos? Creio que sim. Parece-me por vezes escutar a tonalidade única dessa música, sua comunidade. Parece-me também que o exercício assíduo de escrita diária, em minha língua, exige escutar, como se fosse de muito longe, o *tônus* harmônico desse conjunto gigante. Escuto a base atonal da minha língua, antes de reparti-la em páginas, parágrafos e frases cantantes, declinadas em mil estilos. Essa base emana do nosso burburinho? E se tenho ouvido suficiente e manifesto uma escuta suficiente, posso perceber, por trás desse rumor, aquele, universal, da humanidade? Creio que sim. É preciso essa linha límpida, pelo menos, para cortar de vez nosso furor, pacificar nossas querelas, envolver nossa cólera e conter nosso resmungo. A claridade discreta dessa melodia integral prepara outra série de Fourier, cujos elementos harmônicos sussurrariam da mesma forma que Villon, La Fontaine, Fontenelle e Céline...? Por vezes creio escutar essa tonalidade segunda.

Procuro pensar nessa série, nesse som, num tipo de harmonia global que daria um pouco de coerência a esse burburinho. O *nós* faria o papel de cordada, a corda vibrante que nos traz de vez a multiplicidade de homens individuais; minha escuta integraria esse ruído; o som seria o elo entre suas autobiografias. Procuro pensar nessa ligação, nessa corda, tangente ou secante, nesse limite envolvente.

Poderíamos então medir a separação entre as narrativas da história e esse estranho objeto, bruto de escuta, e também esses invólucros tangenciais, esses muros sucessivos que procuram definir, contornar, dominar sua desordem? Pois as narrativas históricas também participam da mesma busca: elas procuram integrar esse ruído, fazer sua soma, lhe dar sentido. A história da França, por exemplo, dá significação a nossos ruídos e a nossos furores nacionais, assim como contar minha vida procurava dar sentido aos furores e aos ruídos de meu corpo, de minha vida, de meu tempo. Que distância avaliar entre esse senso e o insensato de que ele emerge?

Curto-circuito
Procuremos medi-la. Para isso, visito um país, costeiro, consultando seu mapa. Nesse lugar, a estrada de ferro e a rodovia reúnem tal metrópole importante a tal outra, não longe da costa; também ali, a estrada nacional liga duas cidades ao caminho vicinal de duas cidades menores; posso assim caminhar a pé ao longo da rota

das aduanas. Cada ligação corta através do detalhe fractal costeiro, cuja extensão real, colossal, pediria um tempo interminável para ser conhecida em sua realidade miúda. Assim, demonstra-se a infinidade, em extensão, da costa da Bretanha, desde que entramos na sua diversidade de rochas, cristais, moléculas, átomos, em direção ao movimento browniano das próprias partículas. A vibração do ruído define o infinito. Passamos pela costa sem vê-la, seguindo a continuidade dos trilhos, do asfalto, da terra batida, da praia... saltando as descontinuidades sem ordem do real tal e qual. Recusamos nos perder num labirinto que renasce incessantemente à medida que se aproxima do detalhe ínfimo. Substituímos as continuidades por essa desordem infinitamente frondosa. Cortamos caminho.

Em face do ruído de fundo emanado de minha alma, queixo-me ou canto. Quem sou? Inicialmente, esse caos descontínuo que rumoreja, originário, original. Quem sou eu, mais uma vez? A queixa lânguida, nascida de novo, que substitui o burburinho. Quem sou eu, afinal? A narrativa que toma, por sua vez, o lugar desse canto de alegria e de lamento. A queixa corta o rumor de base; fiel ou mentiroso, o conto corta ainda essas músicas insensatas. Ele põe sentido em continuidade onde antes reinava o descontínuo, ruído, furor, uivos, desdobrados em melodias. Antes da má-fé se eleva essa voz, essa via abreviada. Em nossas histórias, como em nossas almas, sempre abreviamos, unimos Nantes, Brest, Brest ao cabo de Saint-Mathieu e de lá a Conquet pelo cabo dos Renards. Nós evitamos a margem e seguimos o traçado. O limite, a secante, a tangente. Nós eliminamos, triamos, filtramos. Nosso tempo não corre, não escorre maciçamente; ele filtra ou escoa. Abaixo de alguns limiares, ele não escorre mais. Minha alma e nossa história nascem ultrapassando os limiares de escoamento.

Nós classificamos. Quem escreveria a história verdadeira do dia único de ontem? Passando, no limite, pelo dia que Joyce conta, em *Ulisses*, Borges descreve a loucura emaranhada, o amontoado mnemônico em que se encontra aquele que, no dia seguinte, procura rememorar a totalidade do que se passou, nele e por ele, no dia anterior; sua vida inteira não é suficiente. Ei-lo preso na armadilha da multiplicidade, no infinito do ruído. De onde vem o dever vital do esquecimento. Sim, eu daria a minha vida pela memória fiel do dia em que encontrei você: seria suficiente para tudo contar? A narrativa de minha vida corta caminho. Ela esquece, para que eu viva. Em face dos materiais infinitamente mais numerosos, a história corta caminho, ela se esquece ainda mais. Ela filtra esse ou aquele evento. Ela chama mesmo de evento o que se passa nas malhas do filtro escolhido. Ela escoa, portanto, tanto quanto o tempo. Ela instala limiares de escoamento. Ela trapaceia e mente, como a minha alma. Escolhe e depois traça uma estrada de ferro, rodovia, estrada vicinal, rota aduaneira, mas nunca consegue perseguir o perfil fractal da costa. Ela passaria nesse lugar a infinidade dos seus dias. Que historiador nunca tentou narrar a duração de um grupo, assim como Joyce relata repetindo com exatidão o adormecer fractal de sua heroína? Esse erudito seria semelhante a um geógrafo que tentasse estabelecer um mapa na escala de 1:1 fiel ponto a ponto à paisagem. O dever de memória sufoca a vida.

Recuamos diante do descontínuo, da infinidade, do ruído. Ligamos cortando caminho. O canto, a voz, a narrativa de minha alma encurtam o seu caos; escrita ou contada, a história dos historiadores abrevia a história real que, ao passar, emite um formidável ruído de fundo. De fóssil em fóssil, separados com frequência das centenas de milhares de anos, a Grande Narrativa salta com passos de gigantes: a paleoantropologia abrevia. Quem sou eu, quem somos nós, o que é o homem? Narrativas contínuas encurtadas. Curtos-circuitos. Resumos. Minha alma, a história, *Homo sapiens* e este livro: mapas sucessivos abreviados. Eu não declamo você nunca, na música ou na língua, a não ser em curto-circuito, finito e contínuo, escoando no ruído, descontínuo e infinito.

Nunca terminarei de lhe dizer tudo, tentarei ainda escrevê-lo no artigo de minha agonia. Eis-me, eis-nos, forçados a permanecer na narrativa. No breviário.

Como estimar a nossa e a minha fidelidade ao real, surdo e mudo, mas rumorejante sob as palavras? Historiadores ou memorialistas, digam verdadeiro ou falso? Essa questão tem mesmo um sentido, já que nós deveríamos comparar, para respondê-la, um seguimento finito, contínuo e curto, com o caos gigante de um mar infinito e estocástico. Não existe nenhum critério para pensar tal relação.

Por mais que a história tente explicar a literatura como aquilo que se chama a história literária, a literatura, ao contrário, deveria explicar a história, desvelando pouco a pouco as multiplicidades loucamente caóticas que precedem a emergência de uma consciência coletiva, precedendo a das línguas locais, precedendo a das músicas. Do mesmo modo que as literaturas evoluem lentamente para a captura desse caos, margeando muito proximamente a vizinhança da consciência de si, a história poderia pouco a pouco derivar para a captura de multiplicidades semelhantes? Por lealdade ou cuidado com a verdade, o historiador não deveria escutar – mas com que ouvido? – o enorme ruído de fundo que emitem os coletivos dos quais ele tenta esboçar a linha de destino? Da cidade, do porto, do caminho, dos grupos... emana ruído. O número nunca faz silêncio.

Que música, que vozes irrompem desse tumulto? Quem o escuta? Escuta, Israel. Efatá, abre-te. As religiões as escutam ou os ocultam há muito tempo, fazem ouvir, acima dos vilarejos e das ceifadoras subitamente recolhidas, o muezim e os sinos, o ângelus e o dobre. Reunidos para o Pentecostes, os apóstolos escutaram um vento impetuoso e receberam línguas de fogo, antes de falar ou de cantar em línguas: não diríamos que os Atos seguem, para um coletivo e quase literalmente, o esquema, duas vezes desenhado no cerne de minha consciência ou de nosso coletivo, da formação da linguagem a partir do calor e do ruído?

Os tempos contemporâneos recentemente substituíram esses carrilhões, sirenes e orquestras, outrora raros, pelo trovão dos motores e a música permanente das estações e aeroportos, nas lojas e nas ruas, em todas as casas, ao passo que nos ouvidos dos passantes se prendem fones como sinos no pescoço das vacas no pasto: *Homo clarinans*. Esse ruído, ladrão de almas, como disse, planta um coletivo já formatado no cerne do indivíduo ao expulsar a intimidade, situando, portanto, um *nós* já nascido em lugar do *eu* e de um *nós* que formaríamos livremente. Não sabemos mais contar nossas vidas, segundo nossas próprias queixas, mas somente aquelas de nossos modelos, acorrentados, escravizados, arrastados por canções que formatam a alma de todos, trazidos por exemplos impostos pelos dominantes mais incultos da história. A opinião rechaça o pensamento; o formato congela a liberdade; a moda expulsa a invenção. Como a música desce mais profundamente nas almas do que a propaganda nos espíritos, formatamos o íntimo dos indivíduos a partir de seu interior: como eles protegeriam seu foro mais íntimo, como eles inventariam o novo, como sairemos da convenção? Emergência de um *nós* ortopédico, artificial, imposto, no triplo sentido de imposto, de impostor e de obrigação. Mais eficaz do que dez policiais, essa atroz servidão nos persegue dos comércios aos restaurantes para recalcar nossos eventuais ruídos de revolta. Amo a música, odeio essa música.

As nove Musas construem as paredes da caixa preta
Vivemos sob o império das Musas. Elas dão, dizia-se antigamente, a suavidade aos reis, ao ditar-lhe as palavras e os sons que suavizam as querelas e restabelecem a paz. As tradições da Trácia as punham em relação com as dionisíacas e o orfismo, cultos infernais e sombrios. A guerra abominável dos deuses contra os Titãs suscitou seus primeiros cantos. Basta, pretende Hesíodo, que um cantor, seu servidor, celebre os feitos de um

homem do passado para que um ouvinte aterrado por dores e inquietações as esqueça. Guiadas por Apolo, condutor de Musas, esse tocador de lira que degolou Mársias e o empalou para o esfolar, elas recuperam a querela, o ruído e o furor. Como? Com a dança e a música, as representações trágicas ou cômicas, a astronomia, harmonia das esferas, todas prévias à poesia épica e à história, todas enfim filhas de Memória.

Desde o início deste livro, eu não digo outra coisa, mas em outros termos, abstratos, por vezes concretos, desajeitados e desconfortáveis quando comparados a essas imagens e estátuas faiscantes de intuição, cuja profundidade e alcance capto subitamente. O cortejo simbólico das nove irmãs antigas das quais nossa estupidez fez frias alegorias, pintadas ou esculpidas nos frontões das academias, descreve, de fato e com rigor soberano, as camadas sucessivas necessárias para dominar o ruído de fundo incompreensível e os latidos enfurecidos que escapam da caixa preta das coletividades, sem dúvida também para domar o ensurdecedor estrondo que emana da caixa preta do *eu*; necessárias para me escutar, e para nos escutar entre nós.

Descrevo duas caixas pretas: *eu* e *nós*. Quem sou eu? Uma caixa, cuja forma, se existe, permanece estável, ainda que vazia, e de onde sai apenas um ruído de fundo, escuro. Quem somos? Outra caixa de formas instáveis, de onde sai também um ruído de fundo cujo número impossibilita a compreensão, escuro. Essas duas nuvens torrenciais dão medo. Em mim ela me angustia e em torno nos aterroriza, como a segunda, milhões de vezes mais ruidosa, não tem nenhuma circunferência, não podemos tão cedo colocá-lo na caixa. É necessário inicialmente precisar suas margens. Limitá-la, que nada transborde dela, e, nesse movimento, definir uma caixa. Pouco importa seu conteúdo, de todo modo incompreensível e arriscado, o essencial é traçar seus contornos, suas margens, sua espessura. De onde vem esse ruído? De nossa equipe, de nosso exército, de nossos técnicos, de nossa cidade. Nossa música, nossos hinos sangrentos, nossos cantos, nossas tragédias, a memória de nosso passado, por fim, nossa história... tentam ensurdecê-la, esquecê-la, pacificá-la. Pois bem, reencontro o meu livro.

Onde retomo, agora, a lista das Musas, contadas aqui ou em outra parte qualquer, nomeadas Piérides ou Cárites, eram três ou seis ou sete, antes de serem nove. Do estrondo gigante da batalha dos Titãs, elas construíram a caixa desenhando seu limite, trancando-a em sucessivas barreiras; é preciso muitas delas para manter sob pressão, dionisíaca, órfica, letal, o ruído e o furor; será necessário reforçá-la mediante três, seis, sete ou mesmo nove compartimentos. Qual o propósito da dança, da qual o próprio Luís XIV se pretendia o chefe de balé, entre as querelas dos cortesões em Versalhes, e o rumor longínquo do povo descontente? Para que servem o mímico René Girard e as pantomimas de todas as épocas, a pressão dos pares em face da violência desencadeada? Para que servem o coral, o uníssono e a polifonia? Para expulsar aqueles que cantam em falso, para regular o conjunto das espinhas tonais e as diferenças entre as tessituras? E a poesia épica, a tragédia, a história? Elas todas servem como as outras para construir barreiras e para abreviar.

Veja, essas nove mulheres, trabalhando continuamente, desgastadas, forçadas, obturando sem cessar os rombos dessa caixa, desse tonel das Danaides, com seus vasos perfurados, fechando os furos do casco, nessa caverna pessoal ou coletiva de onde sai a loucura dos clamores angustiados. Diga para que serve a cultura, imprudentes que creem, com dureza do ferro, que ela não serve para nada. Ela nos salva a pele e inicialmente as orelhas. Ela tenta fechar esse poço de espanto e nos guiar para fora de suas margens. Nós não sobreviveríamos sem a multiplicidade de seus sons e de suas narrativas. Pelo menos nós escutaríamos; no máximo nos mataríamos uns aos outros. Eis aí a verdadeira infraestrutura de nossas sociedades.

Diante da caixa de maiores riscos, as nove Musas e nós trabalhamos, com afinco, na construção de diques, no reforço das paredes, para consolidar as divisórias de proteção e muitas vezes mesmo chegando a ir, leais e corajosos, muito perto do ruído do fundo. Polímnia se entrega à pantomima; Terpsícore dança; Érato dirige o canto coral; Euterpe toca flauta; Urânia contempla e calcula a harmonia paisagística do céu; Melpômene chora uma tragédia, mais vale rir dela, diz Tália, a comédia, mais vale ainda a poesia épica de Calíope, nós preferimos ainda a história, Clio. Escritas ou orais, dessas narrativas produzidas pelas últimas cidades dessas Musas emanam música, emitida pelas primeiras; mas dessa música, que, além disso, as nomeia todas, emana o trovão da guerra e da incompreensão dos ruídos. Não digo outra coisa; meu livro decifra o mito das Musas que, em troca, o ilumina. Por ter compreendido a urgência de sua obra e a inteligência de sua genealogia, não rirei mais dessas mulheres vestidas com panos, com atitudes grandiloquentes e estáticas que enfeiam de tolice as vãs glórias públicas. Doravante, eu as admiro; quisera eu dar a meu livro o título: *Hino à Música*.

Música por toda parte, música sempre, o trabalho das Musas chega a seu ápice em nossa sociedade do espetáculo. Longe de ter a infraestrutura de outrora, a economia a mantém hoje por ter comprado a cultura.

Pítia e Paixão

Outra imagem antiga tão evidentemente fascinante: sentada numa fenda no chão de onde emanavam vapores em turbilhão, a Pítia de Delfos divagava. Ela exprimia em oráculos esse frenesi, passando do ruído aos borborigmos. Os sacerdotes traduziam em versos seu delírio incoerente. A conduta dos povos dependia, dizia-se, de decisões ali inspiradas. Você acredita que mudamos isso? As mídias se apoderaram das nove Musas, da Pítia de Delfos e de seus intérpretes.

Que função o político cumpre, sentado no trono de algum poder? Seu assento tapa um dos buracos da caixa preta. Que esse potentado se erga e essa ação abra esse olhar por onde passam o ruído e o furor do grupo que, por suas aclamações, o levou ao poço onde escutamos rugir esses ruídos frenéticos. O fundamento do poder veda esse buraco, o mura, o tampa, o obtura, o colmata, calafeta, oblitera, emudece, amordaça. Gêmeos inseparáveis, o político e seus tradutores midiáticos sabem menos sobre o grupo do que impedem que alguém os conheça. Como as Musas faziam, eles o dançam, o cantam, o evocam, o representam, o dramatizam... em sons, imagens e frases, tragédias e comédias. Eles fazem apenas recalcar o furor da massa. Nós atiramos nosso sufrágio e abrimos parlamentos para cobrir de narrativas esse charivari. Nossa necessidade de poder se mede pelo medo que temos do nosso ruído.

Outras imagens e sons, mais modernos e ainda mais verdadeiros. Eu levo tão a sério o terremoto que se seguiu à morte de Jesus Cristo quanto a descida aos infernos que precedeu sua Ressurreição. Pacífica, a narrativa dos Evangelhos entra na Paixão, violenta e dura, atravessando aí tribunais e acusadores e depois mergulhando nos furores da massa e no ruído de fundo do mundo. Passada a suavidade das oito Bem-aventuranças a turba se atira, a vítima grita de agonia, enfim, a própria terra treme. Ela se abre e deixa a passagem para o reinado sombrio. Narrativa, tragédia, clamores. Com relação à série canônica de paredes da caixa cuja ordem se torna para nós familiar, falta a música. Vários compositores não deixaram de escrever *Paixões* e, no fim das *Sete Últimas Palavras de Cristo*, Haydn traduz em sons um pouco desarmônicos o sismo. Rameau, Vivaldi... tantos outros tentaram ainda fazer escutar tempestades e batalhas que Fellini traduziu em imagens no inesquecível *Ensaio de orquestra*, onde se seguem, como neste livro, o som e o ruído, o grupo, sua coesão e sua decomposição furiosa, a sinfonia e a destruição das paredes ou divisórias da caixa onde toca a orquestra: o sujeito *nós*, sua vida e sua morte.

Nos Evangelhos morre a Antiguidade, da qual acabamos de admirar algumas imagens. Sobre a Cruz expira a vítima de um erro judiciário, como aconteceu a tantos. Mas ela morre uma última vez, para assegurar ao grupo sua coesão. De onde emana o ruído? De uma crise. Uma coletividade se dispersa em clãs opostos, o sujeito *nós* se fragmenta. Para reconstituí-lo, a operação mais simples, porém a mais cruel, consiste em matar uma vítima, todos juntos. Com esse sacrifício, o grupo, o sujeito *nós* existe mais uma vez. Passada a Paixão, essa operação perde sua eficácia. Ela não funcionará mais. Não haverá mais, a princípio, um *nós* formado dessa maneira assassina. Todos esses *nós* se veem rechaçados para a Antiguidade. Melhor: a Antiguidade se definirá como a era sacrificial constituída, assim, desses *nós*. Talvez só hoje tenhamos conseguido ter consciência disso. Foram necessários dois mil anos para digerir essa mensagem. Recomeçamos, indefinidamente, essa operação imunda, mas inutilmente. Esses sacrifícios não funcionam e não funcionarão nunca mais. Nós rejeitamos esses andrajos sangrentos, tornados inoperantes. Com esse sangue impuro, não regaremos mais nossos campos. Esse *nós* aí morre, no Calvário, e não jaz nem mesmo, mumificado, num túmulo. Desse cenotáfio, dessa cova vazia, sim, desse lugar sem memória, ressuscita o Filho do Homem: seja um indivíduo e universal humano, os dois sujeitos buscados por Diógenes, ele próprio chamado de Filho de Deus, e que ele não encontrava, porque sua Antiguidade só conhecia, justamente, *nós*. Esse *nós* acaba de morrer. Esse sujeito acaba de expirar. Esse ruído foi escutado pela última vez. Isso faz a terra vibrar.

A morte de Jesus Cristo marca o momento preciso em que se reverte a situação antiga e aparece a nossa, aquela que estas páginas descrevem. O que é a Antiguidade? A era em que só havia *nós*, sem nenhum *ego*, sem homem universal. Desses três sujeitos, apenas um existia. O *nós* morto suscita os dois sujeitos modernos: um *eu* e um gênero, o indivíduo e o universal. Dos três sujeitos restam apenas dois. Os tempos contemporâneos repetem essa data.

Bifurcações de acaso e necessidades em troca
Lembre-se: ao cortar caminho, a autobiografia procurava esboçar um retrato, perfil ou silhueta que surgisse a partir do fundo desse ruído; da mesma forma, a história recorta um extrato na inumerável floresta do passado. Como?

Desde a manhã eu caminho, em meio à montanha, ao longo de uma trilha cujas voltas seguem por vezes as curvas de nível. Quando eu me voltava, nessa manhã, eu via um bosque de pinheiros e, no côncavo do vale, o vilarejo que eu acabava de deixar, sob o campanário de sua modesta igreja. Ao subir, durante algumas horas, uma inclinação constante, viro-me de novo e contemplo, atrás de mim, uma ampla paisagem de montanhas, na qual se desdobra a cadeia montanhosa dos Écrins, com, à frente, a geleira do Pelvoux; no primeiro plano, num prado mais baixo, cercado por seus cães pastores, um rebanho de carneiros descansa sob o sol do meio-dia. A aglomeração e a floresta desapareceram. O que percebo dos lugares que acabo de passar depende da direção que segue, agora, o caminho. Basta uma curva para transformar a paisagem precedente. Lá, o bosque e o vilarejo; aqui, rebanho e geleira.

Confortável no espaço e com nossos movimentos, essa mudança de perspectiva se reproduz com o tempo, para o qual admitimos menos que o passado também depende de nossas bifurcações. Ao ler com surpresa, e por vezes até mesmo com escândalo, o que meus filhos aprendem dela nos livros de história, não compreendo mais minha juventude; a deles já não tem a mesma Segunda Guerra Mundial que a minha; ela bifurcou cem vezes com a pílula e a TV. Graças à aparição de nossas comunicações de longa distância, nos lembramos dos fogos acesos pelos cartagineses, da Pantelleria, na Sicília, para manter Aníbal a par das novidades e para recebê-las das batalhas contra os romanos. Nós rimos ou nos escandalizamos com a moral ancestral porque não sofremos mais as dores cotidianas suportadas por nossos pais, cuja paciência forjara regras como exercício de resistência. A invenção da genética permitiu reabrir os artigos de Mendel que os fisiologistas não haviam lido por mais de sessenta anos; o monge das ervilhas não pertencia ao passado da biologia na época em que triunfava Claude Bernard; ele entrou no nosso passado com o código genético. Sem o cristianismo, poderíamos ler, no Antigo Testamento, as figuras do Novo descobertas por Pascal? Quando eu escrevia meu livro sobre *Roma,* quantas vezes caí na gargalhada quando li, sobre a mesma cidade antiga, autores escoceses ou sulistas que eu surpreendia descrevendo o Texas contemporâneo ou a Escócia vitoriana em lugar do Latium antigo ou, em outros casos e talvez no meu, o campo francês em lugar das margens do Tibre? Não temos mais a mesma Antiguidade, a mesma Bíblia, a mesma Revolução Francesa, as mesmas lembranças de ciências que os nossos predecessores. Enfim, o passado se renova com cada uma das nossas novidades; ao reler de maneira retrógrada, nosso presente se realinha ao seu bel-prazer.

Porém, se, ao cair da montanha, eu quebrasse a perna e o helicóptero de salvamento me erguesse na vertical de minha posição, eu veria certamente, atrás de mim, a barra dos Écrins, vários bosques, pinheiros e larícios, os vales adjacentes e seus quatro ou cinco vilarejos, suas prefeituras, hotéis, capelas... Cada desvio de traçado selecionava, nesse maciço, os alinhamentos e a vista aérea das quais eu teria, de cima, uma visão de conjunto, ou melhor, de subconjunto, pois, se o aparelho me erguesse ainda mais alto, eu descobriria a que ponto essa primeira visão recortava ainda uma paisagem num conjunto ainda maior. A imagem global da Terra que nossos cosmonautas nos trouxeram poderia dar o limite dessa ascensão: de tão alto, a paisagem se vê confinada no mapa?

A imagem da trilha sugere um realinhamento. O fato de contar o sugere ainda mais, a linha da narrativa corrente de um prelúdio ao final, como um rio vai de sua nascente ao delta; seu curso tem um leito e afluentes como a narrativa tem seu encadeamento principal e suas bifurcações. Ora, a história apresenta um destino que parece irresistível quando a relemos da foz para a nascente. Cada vez que o escoamento do destino oscila e se bifurca, ele reordena seu passado; ele filtra nele os elementos próprios a condicionar a sequência, qualquer que seja a natureza que ela apresente. Tal revolução, tal conflito procuram rio acima suas causas e só podem encontrá-las e tê-las no amontoamento caótico das coisas passadas; assim, qualquer que seja a nova direção que tome o curso em questão, ele sempre descobrirá, antes dela, soluções para as questões causais que ela coloca. Pois, inumerável e indefinido como a paisagem que há pouco vimos de muito alto, o passado contém tudo o que pode se tornar, tranquilamente, o conjunto das causas ou das condições de qualquer que seja o problema por vir. Semelhante a um problema com uma infinidade de soluções, a história não se engana nunca. Muito menos o historiador. Não podemos nunca falsificar a primeira nem provar que o segundo cometeu um erro. Fora da ciência, que não é falsificável, a história continua apaixonante pela *libido* de pertença, que tem horror ao erro. Ora, ninguém pode falsificá-la porque sua referência última contém a infinidade contínua do ruído. Assim, sua narrativa passada aparece como um conjunto, quase necessário, de cadeias causais, ainda que cada bifurcação, adiante, seja tomada livremente, como ao acaso.

Quer se trate de autobiografia, de história ou mesmo da Grande Narrativa, como definir esta própria narrativa? Pelo fato de conter, para o melhor e para o pior, essas causas e essas escolhas, o acaso e a necessidade. Para falar do humanismo, escolhi esse gênero porque ele se beneficia dessa síntese.

Poderíamos coletar a totalidade do passado sem a obrigação de dele extrair uma ou várias sequências? Obter a fotografia do maciço e dos vales, no limite, a do globo, em lugar de nele caminhar passo a passo, por caminhos e trilhas? Porque qualquer um que penetre ou compreenda esse passado, uma coleção, um recolhimento global, deveria tomar ainda a forma de uma ordem, linear, serial, plano ou imagem, em volume e em relevo, e mesmo múltipla, pouco importa. Ora, no conjunto denso e desordenado dos dados, essa disposição, forçosamente, elimina. A totalidade antes da filtragem se assemelha, portanto, à desordem bruta, ao caos pleno de ruído e de furor. Dito de outro modo, o observador presente e seu cuidado na observação introduzem uma ordem e um filtro tais que ele perde o ruído infinito. Orfeu, mais uma vez, não pode se virar para Eurídice sem que ela desapareça.

Repito, os problemas do conhecimento do coletivo – Quem somos? – reencontram os elementos já vistos no conhecimento interno do *eu* – Quem sou eu? –, onde outro caos, ou talvez o mesmo, emitia ruído de fundo. Posso, com efeito, sempre encontrar em mim uma intenção secreta, inconfessável, inconsciente ou de má-fé, cuja natureza e a intensidade poderão facilmente causar, explicar ou justificar tal nova ação, surpreendente para meus próximos e que, por vezes, chega mesmo a me estupefazer. Quando me bifurco, eu me viro e reconstituo um novo passado, entre um inextricável maciço. Acaso e necessidade se unem no presente.

O passado propõe um conjunto aberto e indefinido de candidatos possíveis à causalidade. A palavra candidato exprime uma escolha possível, mas sua raiz designa também a brancura cândida. Exemplo: parece que um grupo popular de Paris tomou a Bastilha em 14 de julho de 1789. Se supuséssemos que o rei Luís XVI, por essa ou aquela razão, tivesse continuado a reinar até sua velhice, com certa revolta tendo expirado antes dele, o desmantelamento do edifício carcerário teria se tornado um simples detalhe, negligenciável pelo historiador, nas modificações de uso da praça. Uma vez concluído, esse evento oferece ao olhar dos sucessores um tipo de consideração branca, adaptável a qualquer sequência, como uma peça de dominó ajustável a qualquer número ou as ferragens em espera de um edifício inacabado. O que se passou outrora ou recentemente forma um conjunto de ramificações livres. De acordo com sua direção, a sequência colore uma delas, a sua escolha e a seu belprazer, de acordo com sua própria cor; de fato, ela determina, lhe dá um estatuto de realidade. Diz-se com frequência que o futuro é aberto, virtual, saturado de possibilidades. Pode-se dizer o mesmo do passado. Entre a imensidade de seu caos desordenado, o futuro escolhe e, em troca, estabiliza sua escolha. A narrativa só parece linear se você se virar, num cruzamento.

A mesma coisa poderia ser dita de minha alma, saturada de candidatos possíveis à narrativa que tiro de mim mesmo, conjunto caótico de virtuais se oferecendo, num burburinho desordenado, às escolhas múltiplas do meu discurso, como, nas ilhas Galápagos, as fragatas macho, candidatos aos amores, inflam seu papo em direção às fêmeas que voam em torno delas? Um ruído branco, se diz, acompanha o caos e a desordem. Pessoais ou coletivas, todas as nossas histórias emanam dessa brancura, desses candidatos possíveis.

A Grande Narrativa em si vai enfim ter o papel da fotografia dos cosmonautas?

O movimento retrógrado do caos
Invenções, descobertas, eis as boas-novas, as bifurcações imprevistas. Nós, historiadores das ciências, temos, por exemplo, muita dificuldade para interpretar sua dinâmica. Quando nascem a equação de Schrödinger ou o computador, advêm novidades que poucas coisas anteriores anunciavam. Por quê? Porque o pesquisador não sabe nada acerca do que ele vai encontrar antes de encontrá-lo, já que, se ele o soubesse, ele já o teria encontrado. Aquele que descobre essa fórmula ou tal planeta raramente sabe que procura por esse planeta ou por essa fórmula. Temos uma dificuldade infinita em nos colocar acima da descoberta, porque já conhecemos

seu conteúdo. A álgebra antes de Viète ou a biologia antes de Mendel pertencem a universos para sempre desaparecidos, fechados pela nova ideia. Podemos, da mesma maneira, formar alguma ideia do estado das coisas em 15 de julho de 1789, quando a Bastilha, já tomada, ainda não anunciava a Revolução Francesa? Homens do Antigo Regime, Turgot, Necker, Luís XVI nada previam. E agora, nós dizemos, facilmente, que eles deveria ter suspeitado, pelo menos um pouco, na direção de que ruptura avançavam. Nada vai nunca aonde cremos. O menor pedregulho pode fazer divergir um pequeno fluxo prometido a desaparecer ou a se tornar gigante. Habituados com a foz, cremos que rio acima estão em potência os elementos que florescem rio abaixo. Mas observamos esses elementos somente quando eles florescem. A narrativa histórica se conjuga no futuro anterior.

Tito Lívio em vão fez discorrerem os primeiros reis de Roma sobre a grandeza prometida ao Império. Eles o ignoravam tanto quanto eu ignoro o estado do mundo depois de amanhã, pela manhã. Mais ainda, Rômulo ou Numa Pompílio, sobre quem ele fala, sem dúvida nada têm a ver com as personagens reais, na medida em que a Roma da qual fala Tito Lívio não tem nada a ver com o primeiro vilarejo, fraco o suficiente para temer os vizinhos, albinos, etruscos ou sabinos. Não falamos a não ser dos mundos que seu futuro transformou de alto a baixo, a tal ponto que desapareceram.

A teoria contemporânea do caos clarifica o que Bergson chamou de movimento retrógrado do verdadeiro, sem dúvida sob a influência de Poincaré, de quem algumas equações já descrevem essa visão das coisas. Porque não dominamos as condições iniciais do movimento, o presente, diz ela, não pode determinar o seu ou os seus futuros. Imprevisível, contingente, ele pode se bifurcar a partir da trajetória estimada. Inversamente, se, a partir do presente, consideramos o passado, então tudo parece determinado: ele anuncia com facilidade sua sequência. Determinista desse ponto de vista retrógrado, a curva se torna contingente na consideração do futuro. Os sistemas mecanicistas tornam rigorosa a experiência banal de que não adivinhamos o que nos espera, mas o passado nos parece coerente. Como, por ideologia, poderíamos ainda alegar as leis da história, quando os mecanicistas, em face de sistemas infinitamente mais simples, as abandonaram há mais de cem anos? O desconhecimento das condições iniciais torna o futuro imprevisível, dizem as ciências exatas; eis uma instrução imediatamente aplicável às multiplicidades humanas: jamais dominamos todas as condições e não prevemos nada. A pretensão das leis da história deveria se fundir diante da questão? Se elas existem, preveja-as então. Assim fazem o mecanicista ou o astrônomo cujas predições tangem as figuras e movimentos, aos solstícios e aos eclipses. Assim, esperam fazer de fato que as ciências atrasadas quanto à predição espreitam os sinais precursores das erupções vulcânicas ou dos terremotos. Mas, ainda que as ciências acertem algumas previsões, permanece o fato de que a teoria do caos pode, de repente, contradizê-las. Assim, mesmo nas ciências mais exatas, a contingência entrou na necessidade.

Das invenções repentinas ou de outras novidades, expomos sempre, após, as condições necessárias. Sem elas, nada se passaria, de fato; mas, com elas, ainda uma vez tão necessárias, nada se passaria também. Toda a economia do mundo e suas prosperidades nunca farão que surjam tal descoberta ou tal obra de arte. Apenas as condições suficientes desencadeariam a sequência.

Magistrais ou medíocres, cem explicações transbordam condições necessárias, mas nenhuma delas pôs a mão sobre as condições suficientes. As ciências humanas e sociais põem em jogo uma boa gama de talentos em busca dessas condições. Mas como pode acontecer que as mesmas, ou pelo menos semelhantes – pai abusivo, mãe castradora, baixa classe social, infância maltratada –, produzam aqui um bandido e ali um general, em tal circunstância, um matemático; em outra, um iletrado? Como encontrar a condição suficiente, tão leve quanto uma pluma, tão muda quanto o ar?

Suficiência e necessidade fazem parte das condições iniciais. Após Hadamard e Poincaré, sabemos, Duhem já dizia, que seu conhecimento integral ultrapassa amplamente o contexto dos empreendimentos possíveis. O historiador em vão se aplica aos arquivos, interroga testemunhas, se elas ainda existem, e nunca conseguirá esgotar o detalhe infinito. Essa multiplicidade o supera, e a narrativa dos contemporâneos já forma um filtro parcial do conjunto dos fatos. De qualquer maneira que fiquem, as testemunhas do passado atingem apenas uma ordem muito inferior aos eventos, cujo conjunto infinito rumoreja. Mas podemos usufruir da narrativa.

Paisagem
Retorno à morte de Cristo. Com o estrondo do sismo, a terra entra, se ouso dizer, a partir do exterior, na caixa íntima do coletivo. A narrativa, a tragédia, o som e o ruído da história não concernem apenas às mulheres, aos homens, às crianças e aos grupos. Anteriormente, em minha narrativa sobre o egotismo, também encontrei as paisagens, mares e montanhas. Não vivo sozinho no mundo e não conto apenas minha aventura solitária. Meu discurso em vão me posiciona como campeão,

mas vale ainda o fato de que o meio ambiente não me reduz em nada à pura ipseidade. Muitas outras pessoas encadeiam sua narrativa à trama da minha e o conjunto do tecido assume um lugar no mundo. Muros, cidades e pontes, desertos e campos. O próprio Robinson teria sobrevivido sem sua ilha, fontes, plantas e cabras? A paisagem, grotas e rochas, animais e árvores, não se dispõe como mero cenário de sua vida, mas fazem parte de sua história, como atores indispensáveis de sua fome e de seu repouso; sua alma patética repercute, multiplicada, no vale o Eco cujas paredes retornam sua voz.

Sim, a paisagem decola do cenário; teatral, este último, de gesso, papelão e iluminura, imitando o real, pode, indiferente, vagamente adaptado, encenado, enquadrar sem narrativas, moldura quase independente da história contada. Não, a terra, fauna e flora, participa de nossa aventura agrária, o mar e a praia desencaminham e guiam nossas viagens, o deserto torna sedento o beduíno, o paredão pode matar o montanhista. Privada de paisagem, a narrativa narcísica, social, política, de cidade e de apartamento, se enrola, acósmica, sobre os amores e suas rivalidades, sem outro perigo, a não ser o assassinato intraespecífico. Certamente, nela arriscamos nossa pele e a violência de outrem; mas nem a hierarquia, nem a amizade, nem as lágrimas alimentam. Necessitamos de calor e abrigo, de víveres e de bebida.

Condição necessária de nossa sobrevida, a paisagem age na narrativa, pode anulá-la, reorientá-la, causar mil repercussões.

Celebremos de passagem as ditas ciências humanas a quem devemos mil belas narrativas de etnologia e de sociologia, além da história. Graças a elas, perdemos o narcisismo e o racismo, graças a elas convidamos os outros e os estrangeiros para nossa mesa como nos convidamos para a deles; quem não cultiva tais trocas nada pode compreender de hoje, de ontem, e mesmo do tempo e do espaço. Mas deploro a formação dos filósofos, dos políticos e dos jornalistas em sua escola exclusiva. Privado da contribuição das ciências mais exatas, o fórum contemporâneo acaba por acreditar que, sozinhas, as relações sociais fazem viver e alimentam. Condições necessárias, certamente, não suficientes. Dos discursos que tecem nossas opiniões, decisões e certezas, o mundo se ausenta. Quem hoje confronta o cotidiano: vaca, trigo, mar, moreia, esse ferro, essas madeiras ou esses pedregulhos que dão cal para as mãos? Quando o duro se retira sob o império do suave, ninguém tem mais os pés na terra. Não há mais paisagem, a não ser audiovisual? A meteorologia da televisão substitui neve, gelo e tempestades, os quais não experimentamos mais, riscos e ruídos, a não ser nas férias da Arcádia. Os pensadores de apartamento falam de palavras, de signos e de códigos; seu acosmismo apaga os objetos, os seres, o universo e o vento. Nossa narrativa concerne apenas a nós. Não, a paisagem que habitamos nos assombra.

Pior, a distinção natureza/cultura abriu, quando nos inventamos, um campo livre para as conquistas sem limites; objeto sem sujeito, a dita natureza tornou-se um local de não direito, tesouro esgotado sem vergonha e lata de lixo a ser repleta sem pena, onde são servidos nossos desejos incrementais e onde jogar nossos dejetos excrementais. Diante do puro cenário, nós nos interessamos apenas pelos homens e os fogos de sua cupidez, inveja, dominância. Como nossas narrativas humanas, sociais, políticas, históricas não levam em conta a paisagem, cegamente elas a saqueiam; como nossas culturas se dão o direito de dizer à natureza sem direito, elas a emporcalham e destroem. Do *Terceiro instruído*, *Paysages des sciences* [Paisagens das ciências] ao *Contrato natural*, tentei, sem me fazer escutar, recolocar o mundo e seu saber em seu lugar, tanto na formação do indivíduo, para que sua própria narrativa se reequilibre, graças às coisas por si mesmas, quanto na história e na filosofia, para que possa emergir enfim uma idade responsável do mundo. Nós existimos no universo, povoamos o planeta no qual cada um vive confrontado com sua paisagem.

*

Certamente, as coisas, cada vez mais, dependem, em maior parte, de nós. Iniciada desde o *Homo erectus*, inventor do fogo, a confrontação com o que não depende de nós se conclui com vitórias tão precisas e prováveis derrotas que o atual *sapiens sapiens* não sabe se deve se situar do lado dos vencedores ou dos vencidos. Vitoriosos, ele também se inquieta. Dependemos, de fato, hoje, das coisas que, justamente, dependem de nós, dos efeitos de nossas vitórias. Mais um triunfo como esse e estamos perdidos, respondeu o rei Pirro àqueles que o felicitavam por ter derrotado os romanos em Heracleia, depois em Ásculo, mas ao custo de enormes perdas. Continuamos a não nos dar conta das fraquezas que nosso poder deixa para trás, das nossas vitórias à moda de Pirro. Inteligente, eficaz, o parasita ganha, dia após dia, suas batalhas, mas ele acaba sempre por perder a guerra, quando, justamente, se esgotam seus hospedeiros. Doravante, portanto, mas eu já o disse bastante, devemos tratar a natureza como um simbionte, e não mais como um tesouro, e, aqui, como uma paisagem, e não como um cenário.

Recomeço. Quem somos juntos? Gradeado, o texto de mil narrações, nossa história, nossa cultura. Isso começa com o segredo de nossos amores, a narrativa de nossos encontros e sua confluência na história, as tradições de família, os retratos dos ancestrais e o álbum de fotos de nossos filhos, as lembranças trocadas nas grandes festas, isso se enlaça nos anais das cidades, das províncias, da nação, isso, de súbito, se chama, por exemplo, a *História da França*, aquela relatada por Michelet, cuja narrativa descreve, inicialmente, as paisagens da região. O que é Paris? Sua história no vale do Sena. O que é a França? Sua história e sua geografia.

À questão: quem sou eu? respondem as biografias, e seus dez gêneros literários; à questão: quem somos?, as respostas, paralelas, modulam a história de maneira variável, uma vez que os gêneros literários também se misturam a ela. Épica ou romanceada, idílica ou teatral, militante, hagiográfica... mas me revolto contra aqueles que desprezam a geografia. Tão egotista quanto eu a componho, minha narrativa autobiográfica não pode se dar conta do ar que respiro, de minha alimentação, portanto, da terra e do clima, jovem e pobre, não pude terminar o livro porque senti frio. O coletivo não se compõe apenas de indivíduos, política e sociologias puras não esgotam o fato social, sempre recostado a uma paisagem que representa, pelo intermédio dos camponeses, o papel ativo na narrativa. Não há narrativa sem seu país; não há Grande Narrativa sem Universo.

A história dos aborígenes da Austrália não pode ser compreendida sem uma terra, uma fauna e uma flora, que não lhes permitiram inventar agricultura nem criação animal; de súbito, nós, eurasianos, ou sul-americanos, camponeses desde o neolítico, compreendemos, graças às desventuras deles, que o húmus, mamíferos e gramíneas ambientes agiam tanto quanto nós e continuam a agir em nossos atos históricos. Sua contribuição em matéria de alimentos nos esculpe. Essa geografia pode agir sem que os atores tenham dela consciência: quantos pensadores, quantos historiadores gregos, ou habitantes do Oriente Médio perceberam, desde a Antiguidade, os estragos causados pelo desflorestamento, no litoral do Mediterrâneo oriental? Quem, exceto Noé, precisamente antes do dilúvio, escutou o ruído colossal do Bósforo se rompendo sob a força das novas águas do mar de Azov crescente? Repito-o, essa paisagem não se confunde com um cenário, ela nos influencia, tem um papel na narração, mesmo que há muito tempo vitoriosos à moda de Pirro nós não a integremos diretamente. Sem geografia não há história coletiva. Esta retorna em nossas costas.

Em nossas costas...
Pretensos cidadãos do mundo, os estoicos da Antiguidade formulavam sua sabedoria distinguindo as coisas que dependiam de nós das que em nada dependiam. Fabricamos arados, comercializamos trigo, navegamos

à vela, gerenciamos um rebanho de carneiros, uma colônia de abelhas, nossa família, a cidade... ao passo que não podíamos fazer nada com relação ao mundo e ao clima, à hora de nascimento e à hora da morte. Em rigor, eu podia me tornar mestre de mim, de minhas ferramentas e de meus atos, de meus sentimentos, talvez mesmo de meus próximos, aqui e agora, mas não da geografia e do Universo, sempre e por toda parte. Alguns sistemas, finitos, locais e curtos, nós o tínhamos à mão, ao passo que vivíamos mergulhados em outros, globais e duráveis, talvez infinitos, dos quais fazíamos parte e que, por sua vez, nos manipulavam. Aqui, causadores; lá, causados.

Ora, hoje, estas coisas globais: os seres vivos, sua evolução e seu desaparecimento, incluída a nossa, pessoal ou coletiva; a humanidade em seu conjunto e seu destino; o próprio planeta, seu calor, seus ventos, o nível de seus mares e sua habitabilidade... sim, essas coisas, demasiadamente globais para que elas se tornassem objetos para nossos predecessores, que eles deviam deixar seguir seu destino e nos quais sua própria sorte era confiada, essas coisas, eu digo, dependem doravante de nossas técnicas e *expertises*, e mesmo de nossas ações cotidianas. Não modelamos mais somente nossas ferramentas, nossa consciência interna, nosso círculo imediato, por vezes nossa vizinhança, mas o espaço e o tempo da geografia e da biologia. Nossa influência ultrapassa as coisas estáveis tomadas em sua instantaneidade para atingir os sistemas amplos de longo curso. Ao mudar de escala, nossos objetos se transformaram: do local ao global pela extensão e, quanto à duração, do instante e mesmo da história à evolução. De súbito, eu o disse em outro lugar, dependemos doravante das coisas que dependem de nós. Buscamos agora saber o que significa esse *nós*, curiosamente dito duas vezes.

Eis aqui: os objetos antigos, manejáveis, nós os tínhamos diante de nós, percebendo seus limites no espaço e pelo tempo. Ora, não apenas sabemos construir, o que outrora chamei de objetos-mundo, que ultrapassam os ditos limites: bombas termonucleares, oriundas de algumas indústrias, sistemas de comunicação, satélites artificiais, biotecnologias... mas o próprio mundo, água e ar, vida e tempo, nascimento e morte, clima e duração, se tornam, por sua vez, para nós, objetos. Diante de quem os temos?

Eis aqui novamente: locais e móveis, os objetos antigos podiam se tornar objetos de troca, cuja circulação tecia o coletivo; não há grupo sem esses objetos, não há sociedade sem troca. Ora, em razão de sua dimensão global, os novos objetos se veem, doravante, muitas vezes, sem troca. É possível se apoderar das fontes, fixas e identificáveis, mas não roubar a aleia das chuvas.

Ou antes, a aposta maior, amanhã, será feita sobre estas questões: sim ou não, o ar, o clima, o nascimento, a morte... entrarão na situação mercantil? Aposto que não; se sim, seguir-se-ia uma guerra total que erradicaria a humanidade. Para objetos locais, sociedades multicoloridas; para objetos globais, a humanidade unitária. Eis o que diriam um realista ou um materialista consequentes.

Esses novos objetos, sem troca, nos concernem, nos inquietam, nos opõem, nos reúnem. Primeira novidade: não se trata mais dos mesmos objetos: segunda novidade, não se trata mais do mesmo *nós*. Com esse pronome, transparente a seus olhos e quase esquecido em preceito, os antigos estoicos designavam seu próprio grupo cheio de cidadãos ricos, sábios e pensadores, e também suas cidades, e talvez mesmo seu império, enfim, coletividades compatíveis com o raio de ação finito de seus instrumentos. Para fabricar carroças, basta uma família; para construir um navio, um vilarejo de pescadores; para construir palácios, é necessária uma cidade; para alinhar um exército, organizar uma administração, um Estado. Ao tamanho de um objeto, à escala de um projeto, à evolução de uma obra correspondem aquelas de um grupo e a duração de sua história.

Eis-nos hoje mais experts e menos sábios, talvez, que os estoicos de outrora, entretanto, mas poderosos e fracos, mestres e escravos, loucos e razoáveis, multiplicados, irresponsáveis, separados uns dos outros por mil costumes opacos; como de hábito. Certamente, tudo depende doravante de nós, mas nós dependemos tragicamente da dispersão disparatada e polêmica desse *nós* que acabo de dizer que está em crise. Porém, tal caos de diferenças tende a se recrutar como unidade. Que grupo novo suscitam esses objetos-mundo?

Infelizmente, ainda não chegamos, pelo menos até o momento, a constituir uma instituição mundial própria para o domínio da captura, da gestão, da evolução desses objetos-mundo, não mais somente difusos em torno de nós e "causadores", mas também atirados diante de nós e quase tão "causados" quanto outrora os objetos locais, de pequeno porte e de curta duração; em todo caso, causados por nós e causas, em parte, de nosso futuro. Esses sistemas globais e duráveis me pareciam recrutar um novo grupo de sujeitos, um novo *nós*. Se eles existem, é mesmo necessário que um coletivo os tenha produzido, por exemplo, que alguém tenha perturbado o ar que respiramos e a água que bebemos. Inversamente, é também necessário com urgência que nós nos ocupemos de beber e respirar amanhã. Dito de outro modo, nós nos reuniremos menos, por nossa decisão ou por boa vontade própria, para gerir esses objetos-mundo, que inevitavelmente os ditos objetos, por sua medida e sua força, ao fim nos reunirão, e mesmo já nos reúne. Tudo se passa como se os objetos recrutassem, reunissem, quase por si sós, os sujeitos. Essa nova objetividade produz, por si própria, uma nova comunidade de sujeitos, tão global quanto o tamanho desses objetos-mundo, tão ampla, para o espaço, certamente, mas se referindo também a uma duração imensamente mais longa. Quero com isso dizer que a origem e a evolução desse novo coletivo humano vão nos reenviar, desde hoje, infinitamente mais longe do que a história, no sentido comum, a da escrita, das ferramentas, da família, da cidade, das nações, dos continentes, das ditas civilizações.

Hominescente, esse novo tempo se refere à aventura de hominização. Perdemos nossos laços com as histórias locais e curtas de nosso passado propriamente cultural. Quando dizemos: essas coisas novas dependem doravante de nós, sabemos o que estamos dizendo? Adivinhamos que se forma um *nós* que, de forma nova, vive, habita, organiza o espaço, um tempo, uma sociologia, uma cultura, uma política... sem nenhuma relação com o que os antigos *nós*, diversos e multicoloridos, frequentaram, fizeram, disseram, ensinaram ou aprenderam? Pequenos ou grandes sistemas estáveis e instáveis, os grupos que formaram nossas histórias diversas de uma parte, e, de outra parte, este *nós*, novo, se separam entre eles como se distinguiram entre elas duas eras tão diferentes que os tempos geológicos em que o rio Sena corre sob a ponte Mirabeau, de sua fonte para o Canal da Mancha, daqueles em que sua bacia não existia, dormindo sobre placas de uma outra época. Não procuro mais as fontes do que nos tornamos, corrente acima da ponte Mirabeau, sob a qual o rio Sena conta um tempo curto demais para meus novos amores. Mas eu os pergunto à física da terra, cuja narrativa me diz que, em eras antigas, um outro tempo aí se desdobrava, sem rio nem planície, das quais conservamos traços que interessam nosso futuro.

Em suma, se "essas coisas" dependem agora de nós, e se, em troca, começamos a depender "delas", devemos esclarecer o que significam essas coisas em nós. As primeiras, nós as vemos e nomeamos com tanta fascinação quanto angústia, desde que elas assumiram dimensões espaço-temporais globais, mundiais, universais: terra, ar, água, energia do fogo, vida... Mas nós, diante delas, o que nos tornamos? Como organizar essa nova comunidade doravante referida a tão gigantescos objetos, a tão amplos espaços e a tão longos tempos quanto o desses objetos? Não nos damos conta das imensas consequências dessas ampliações, dessas rupturas de diferença?

*

Quem sou eu? Dizia para começar. Contarei ainda, se você quiser, a narrativa de minha vida. Em seguida, quem somos? Ou ainda: quem éramos, até esta mesma manhã? Resposta: amávamos pensar, quase é justo o título que a narrativa de nossas histórias nos constituía. Deleitávamos o gesto ancestral da França e de Navarra; não cessamos de construir museus, como esses barcos de motor desligado, que ainda correm atrás de suas antigas rotas; nossos amigos portugueses sonham com Fernão de Magalhães e Vasco da Gama; cada grupo canta ainda a narrativa de sua história. Assim continuo a fazer. As línguas *d'oc* e *d'oïl*, o estilo distintivo dos raros gênios epônimos fez minha língua de onde tiro três narrativas, a minha própria, a de minha pertença, enfim, aquela que indefinidamente tento inventar... Minha língua fez minha carne e minha carne fez os livros de minha língua. Que dilaceramento devo viver doravante? Devo mudar de carne? Temo que sim e o espero e o penso. O que temos hoje em comum com Luís XIV ou Napoleão? Pouquíssimas coisas para que passemos muito tempo a nos ocupar com isso; pior, vejo que nossas tradições, por vezes, ocultam de nossos olhos os horizontes vindouros. A bifurcação brutal dos objetos de nossos cuidados transtorna nosso passado, assim como as narrativas que constituem nossa comunidade. O tamanho gigantesco desses objetos aumenta da mesma forma que o de nosso grupo e alonga a duração da evolução que o formou. A narrativa à qual se refere doravante o novo *nós*, positivamente hominiano, dos habitantes do planeta, da tripulação da nave *Terra*, essa narrativa deixa os pequenos contos de nossas pertenças estreitas para contar o destino da humanidade no espaço inteiro que ela ocupou; trata-se da Grande Narrativa. Como advém quando em viagem fazemos uma grande curva, a paisagem atrás de nós se reorganiza em sua totalidade.

Não temos mais os mesmos objetos, não somos mais os mesmos sujeitos, não constituímos mais os mesmos grupos. As preocupações de dimensão global globalizam as dimensões de nossos coletivos. Não corremos mais os mesmos riscos, não entretemos mais as mesmas relações, não habitamos mais locais diferentes, frequentamos o mesmo planeta, não vivemos mais o mesmo tempo. Quem pode pretender que, ao suportar, nas praias da Bretanha, ventos frios oriundos de uma corrente sul-americana, a brisa que faz as sobrancelhas fremirem se limita à paisagem em torno de sua casa, do bairro de sua cidade, de sua nação, e mesmo de seu continente? Quem, ao investigar hoje com suas mãos o processo de nascimento e o recuo da morte, a mutação dos genes, a emergência, a erradicação, o destino das espécies, a oscilação lenta do clima... respira com facilidade ao longo de uma duração própria à França eterna, ao Ocidente, à sociedade semito-indo-europeia? Nós nos medimos pelo tempo longo das placas tectônicas e das mutações vitais. Não nos sentimos mais oriundos do mesmo tempo. Mudamos de espaço e de duração.

Da história não tiramos, creio, muitas lições para nos conduzir nesse novo passo. Doravante, ela nos concerne menos que nossa Pré-História, a evolução dos seres vivos, o tempo da Terra e o do Universo. Doravante, pediremos menos conselhos aos faustos levados em conta por Tito Lívio, Tocqueville ou Marx do que aqueles suscitados por Lucy, Darwin e o Big Bang. Transformam-se nossas narrativas fundadoras. O interesse apaixonado por Roma, Washington ou a Internacional concernia àqueles que pretendiam dominar o mar Mediterrâneo ou o mundo. A luta pela dominação não designará mais doravante um grupo distinto, vencedor dos outros, mas concerne às relações conflituosas que todos mantemos com o mundo. Sem sabê-lo, não paramos de combatê-lo. Por que tipo de contrato natural se conclui um conflito tão oculto?

Voto: para melhor compreender e poder agir, que os institutos de ciência política se unam rapidamente com os da física do globo e da história natural; que os futuros gestores aprendam com essa união como irão nascer, morrer, se alimentar, habitar, trabalhar ou não, comunicar e mesmo amar aqueles sobre os quais eles terão, amanhã, a responsabilidade social. Que eles deixem suas lendas de séculos para aprender a que tempos milionários se enxerta o futuro. A ignorância desse imenso escoamento temporal que, hoje, nos atravessa e nos imerge precipitaria a política e a administração numa perigosa obsolescência.

Que escoamento temporal? Veja certos rios: outrora, eles cavaram um ramo; subitamente, eles o abandonam, como um braço esquecido para correr diretamente de uma parte e de outra de seu leito, de um lugar na sua fonte a uma curva em seu delta, deixando seca essa curva entre os dois. Assim, as antigas narrativas se tornam folclore e aquela do novo humanismo se articula diretamente com a aventura de hominização do processo hominescente que irá gerar os novos objetos-mundo. O curso da Grande Narrativa global abandona o desvio da história. O *nós* abandona, secos, as antigas partições, fronteiras, línguas, Estados, nações, culturas, civilizações. Soldamos a Pré-História ao futuro. Nossas histórias haviam esquecido a marcha da hominização; acabamos, juntos, de chegar a uma curva que nos forçou a retomá-la: de modo algum abstrata, formal ou ideal, mais arriscada, urgente, concreta, relativa ao destino; nem metafísica nem moral: vital.

As narrativas da história se estrangulam assim entre as autobiografias de sujeitos singulares e a Grande Narrativa global que contará, amanhã, como se formou a nova comunidade em face dos novos objetos. A Grande Narrativa engendrou, outrora, e o novo esquece e ultrapassa, desde esta manhã, a interpenetração prodigiosa das narrativas particulares, nossas velhas histórias da França, de Andorra ou da Eurásia, cuja lembrança, se subsistir, servirá pelo menos para lamentar, em troca, as crueldades arcaicas e as sublimidades das partilhas das quais elas instauravam ou confirmavam o mosaico entre as línguas, as civilizações, as espécies e os tempos humanos. Meçamos o sofrimento, o Mal e as belezas engendradas por esse recorte. A magnificência infeliz da história. Com que custo de sangue pagamos suas maravilhas culturais raras?

A transformação do sujeito em objeto
Retorno ao meu início: a força e a aversão dos rivais acentuavam a sensação agradável da pertença; quanto mais dois heróis ou dois grupos trocavam golpes, mais nós recitávamos o gesto a fim de nos sentirmos em conjunto, deliciosamente. Precisamos de inimigos execráveis para forjar um subconjunto. Sofram, morram, esse mal de violência sempre serve para alguma coisa; pelo

menos a fusão coletiva. Você pode vê-lo, o exército faz a guerra; mas, secretamente, ainda melhor, a guerra faz o exército. Quando começou a nação francesa? Com o grito: a Pátria em perigo! Todo mundo correu para as fronteiras. Porém, essas exclusões que mataram tanta gente podem parecer virtude necessária. Quando se abre, com efeito, um rombo nas partes vitais de um navio, a equipagem deixa de lado suas disputas para correr em direção às esteiras ou às bombas. Quanto maior é o risco, mais unidade se forma. Então, o Mal não se apresenta como um problema, mas como uma solução.

Eis o novo negativo em obra. O falso deus dos grupos necessita do diabo. Diga, agora, o nome desse diabo: ele mudou, assim como seu estatuto. Pois os novos objetos, por sua imensa sombra, nos angustiam diabolicamente. Eles nos parecem cheios de perigos. Esse inimigo nos ameaça? Pressentimos catástrofes? Tanto melhor! Quanto mais nos sentirmos em perigo, mais rapidamente deixaremos o moroso deleite de nossas histórias para nos associar mais uma vez. Oh!, novidades, esses inimigos não têm mais nomes de homens.

Será preciso de fato nos livrarmos dos medos e de nossos inimigos? Não, não nos livre desse mal tão novo, dele pode advir a paz, o maior de todos os bens. Sim, o inimigo modifica seu estatuto. De outrora a um tempo bem recente, nossas histórias o nomeavam, o acusavam para que nós tivéssemos vontade de matá-lo. Certamente, o bode expiatório, o inimigo que vinha degolar nossas companheiras, não terminava nunca de renascer a cada geração; era necessário mesmo reescrever a história. Portador de um nome próprio, esse outro avançava em nossa direção numeroso, altaneiro, fardado, com seu elmo, armado, como nós. Esses rivais se pareciam conosco como irmãos; gêmeos se matando uns aos outros em nossas batalhas. Descrevo a luta do escravo contra o escravo e dos filhos contra os filhos.

Acabamos de transformar esses sujeitos inimigos em objetos de angústia. Transformamos os sujeitos em objetos. Imenso benefício! Nós nos batemos agora contra o efeito de nossos projetos. Contra o aquecimento do planeta, contra a degradação do clima, contra a erradicação das espécies, contra os possíveis abusos da eugenia... Nossos bodes expiatórios se tornam ideias, programas, técnicas, ferramentas, ou ainda mais, objetos-mundo. Que sorte pós-histórica!

Ora, em relação aos perigos que corremos em face dessas coisas, nos sentimos todos responsáveis em maior ou menor grau: não nos bateremos mais, a não ser contra nós mesmos? Por trás dos adversários, os mesmos que os combatem veem se perfilar seu próprio rosto. Não mataremos mais ninguém? Encontramos um novo Outro: não mais nós mesmos em outro lugar, fora das fronteiras, mas nós mesmos, juntos, projetados amanhã.

Todos: nós-mundo.

TODOS: NARRATIVAS
OBJETIVAS E COGNITIVAS

Fiz o elogio da narrativa — acima mesmo do conceito — sem ainda defini-la. Ela mistura dois elementos: uma linha relativamente limitada, cuja continuidade reúne grãos aleatórios, contingentes, caóticos. Por um lado, o formato, por outro, as bifurcações; assim se diz em *Ramos*. Neste livro, dois exemplos.

Ego: minha vida, minha identidade, meu destino... procedem de uma narrativa múltipla, variável, malhada, matizada, colorida... que eu me limito, mais ou menos, a mim e que eu limitaria aos outros se fosse preciso. Qualquer lealdade ou mentira que ela conte, encontrarei sempre detalhes suficientes em minha consciência para o verificar. Ninguém pode falsificá-la. Quanto à minha consciência, ela depende, desde sua emergência, de uma voz musical limitada, temporária, rouca, contínua, que organiza pouco ou muito o ruído de fundo granular do caos íntimo. Se deixar crescer o número e a variedade de grãos, terei muitas coisas a contar, mas disporei de um bom canal para fazê-lo? Inversamente, posso dizer obviedades sem informação que todo mundo e mesmo eu podemos compreender.

Nós outros: a vida, o destino de um grupo, a pertença a uma cultura ou a uma civilização... dependem, por sua vez, de uma narrativa mítica, de uma história à qual uma ideologia atribui um sentido, falso ou verdadeiro, sensato ou mentiroso. Por mais diferente que se apresente esse fio, pode-se encontrar sempre detalhes suficientemente pertinentes no enorme caos de eventos do passado para que eles favoreçam, esclareçam ou mesmo demonstrem a coerência de seus sentidos. Ninguém pode falsificá-la. A história dos eventos cita muitas informações que são bastante mal retidas; uma história com finalidade pode ser belamente compartilhada, mas não diz mais do que a redundância da ideologia que prescreve esse fim.

Homo sapiens: a Grande Narrativa, por si só, encontrou recentemente um encadeamento temporal conservando a contingência de seus eventos. Apta a buscar o que faz sua novidade.

*

A formação de uma narrativa dá provas, portanto, de uma tensão incessante entre a necessidade de utilizar formas preestabelecidas, um formato, para poder comunicar de maneira confiável e uma equivalente obrigação de quebrar, de refazer essas formas porque as circunstâncias contingentes vêm restringi-las e a repetição pura e simples não comporta nenhuma mensagem.

Dito de outra forma, quanto maior é a probabilidade de ocorrência de um elemento em uma dada situação, menos informação ela contém. A redundância aplaina e facilita o canal; a raridade o preenche de conteúdo. A informação cresce proporcionalmente a essa raridade. Contingentes, as circunstâncias tecem, em virtude de sua improvável novidade, o texto ou o conteúdo da mensagem, ao passo que a repetição, a ligação, a ordem, a redundância, o formato... facilitam o canal por onde passa a mensagem. Todos escutam apenas o inesperado, portanto a mensagem, nunca o canal; ou, inversamente, escutamos apenas o que nós esperamos, recebemos apenas o canal, nunca a mensagem.

Distintos a ponto de se oporem, esse tumulto de farrapos e essa linha redundante, acaso e necessidade, se casam com nossa maneira de viver o tempo. Lembrei anteriormente que umas das raízes gregas dessa palavra, *teinó*, que significa se estirar, se estender continuamente, como no escorrer longo de uma massa ou de um fluido, contradiz a outra raiz possível, *temnó*, que significa: cortar em pedaços muito pequenos, quase atômicos, como quando se mede a duração em séculos, minutos ou microssegundos. A mesma contradição esculpe o termo ritmo, corrente e partido. Ora, justamente, experimentamos um fluxo contínuo e unidirecional no momento de alegria ou de trabalho, o dia de repouso ou de dor, a vida que pretendo ser minha, uma história que estimamos como nossa... mas da mesma forma como uma distribuição de segmentos dispersos, intuições esparsas, sortes, infelicidades, ódios, amores, esperas, desesperos, incompreensões, clarezas...

A mistura que evocam as derivadas do tempo, como temperança, alia, como a narrativa, elementos opostos: áspera e macia, úmida e fria, para a temperatura e a tempestade; benevolência e dureza de coração, prudência e interesse para o temperamento... Essa mistura forma o tempo da cronologia da mesma forma que aquela da meteorologia, das intempéries do amor ou das intermitências do intelecto, de modo que ela alie simplesmente as duas raízes gregas ditas acima: a extensão contínua que pode passar pelo canal e os grãos seccionados que dizem a informação. Mesmos componentes para o tempo e a narrativa.

Assim, e em sua maior generalidade, essa narrativa se constrói como a duração humana, subjetiva e coletiva, e como o tempo do mundo. Ei-la científica e literária, cognitiva e objetiva. As duas leis que a governam, caos de grãos ao acaso e continuidade necessária de uma linha, se juntam àquelas que fundam a própria natureza do tempo, onde, eu destaco ainda com força, o tempo que passa não difere do tempo que ela faz, onde, insistirei nisso tanto tempo quanto for necessário, o tempo físico se compõe tão contraditoriamente quanto o tempo humano.

A narrativa do Gênesis e a narrativa dos genes
Falar da narrativa sem contar nada, vale. Para fazer isso, quero me dirigir inicialmente a uma das primeiras de minha cultura coletiva que, muito mais para o pior que para o melhor, entra algumas vezes em concorrência com a Grande Narrativa.

Mas antes que o Gênesis fosse escrito, fosse dito e transmitido, antes que todas as narrativas da história, um dos primeiros propaga a própria vida; escrito, codificado em quatro letras, cujas combinações se repetem milhares de vezes, o patrimônio genético se duplica e se renova mediante mistura sexual e mutações. Assim, ele salta de corpo em corpo e, ao se transmitir, ele os transforma. Começando pelos organismos os mais elementares, mensagens passam e se bifurcam, produzindo, por seu formato, sua informação e os acasos da epigênese, a dupla narrativa contingente das espécies em evolução e dos indivíduos em desenvolvimento. Já, nas dobras secretas da carne, se contam esses fragmentos, que nós deciframos, da Grande Narrativa.

Ora, pouco a pouco alguns gêneros, evoluídos, não se contentam mais com essa transmissão genital, mas imitam os gestos dos vizinhos. Em alguns milhões de anos, esses animais se desprendem das longas linhagens dos autômatos genéticos. Certa aprendizagem invade a área do instinto. Na extremidade de mil fios, o mais mimético de todos os animais se põe a propagar mensagens de outra forma que não seja o sexo e o corpo. Com gestos, queixas, gritos, músicas, palavras, escritos, telecomunicações... os humanos recebem da informação de outros genes diversos daqueles dos seus pais e os emitem na direção de crianças que não as suas. Rompemos e generalizamos a genealogia com esses signos, carnais e desencarnados, circulando em vias exodarwinianas, adotivas e livres. Daí as novidades de uma outra ordem que não cessará mais.

As variedades do formato

Ruídos e cantos, palavras voadoras, escritos mais estáveis... eis nossas mensagens e as narrativas fora do corpo. Para emitir, para transmitir e receber informação, obedecemos, com frequência sem o saber, a numerosas leis. Regras físicas, sensoriais e formais reinam implacavelmente nessas propagações. Por exemplo: não faço sinal de noite; não posso gritar dentro da água; não gesticulo sozinho em meu quarto; não falo chinês na Sorbonne; não misturo as minhas palavras de qualquer jeito, assim como não escrevo com tinta escura num papel preto. Agindo assim, nunca mais receberei novidades suas. Nossas comunicações se submetem inicialmente a tantos formatos. Isso lhes é evidente.

Trata-se de condições nas quais nada é comunicado. Você não poderia ler este livro sem a brancura da página, o tamanho simétrico das letras, sem margem nem paginação, alinhamentos nem parágrafo, sem que eu respeite a ortografia da minha língua, sem que eu obedeça às regras de sua gramática, sem que eu dê, *grosso modo*, o mesmo sentido às palavras que você dá, sem que a luz do sol ou de sua lâmpada, sem que um clarão semelhante tenha banhado o tempo e o lugar de minha redação, sem que nós tenhamos, nós dois, nossos olhos clarividentes, sem que uma boa professora primária nos tenha ensinado a ler e a escrever... Necessárias e múltiplas, essas condições formam a mensagem. Algumas concernem à matéria inerte, sol e papel, recorte e material de impressão; outras, ao corpo vivo; olhares e cores; outros, enfim, ao que eu chamaria de software, signos e sentidos, ordem e agenciamento.

Tudo isso concerne à imagem impressa. Um formato multicamadas semelhante regula as mensagens emitidas e conduzidas pelo próprio DNA, por semáforos, signos gestuais, apelos e queixas, quartetos ou óperas, poemas recitados ou rumores de fofocas, pelo telefone, televisão, correio convencional ou eletrônico... Em cada um desses casos múltiplos formatos regem ao mesmo tempo o suporte material, o canal sensorial e o software escolhido. Esse conjunto inumerável não é visto, não é percebido durante a comunicação, mas esta se apaga se ele faltar. Ainda melhor, ela se apaga se ele não se repete, se ele não se sustenta, se ele não permanece constante por toda a duração da entrevista ou da troca, durante o tempo da narrativa. O essencial do formato – uso o singular para exprimir esse conjunto inumerável, essa família tripla de regras – consiste em sua constância e repetição. Eis por que ele permanece transparente: ele não contém nenhuma informação. Inversamente, a informação se define como aquilo que não se repete. Esse formato-canal, todo ao longo repetido, obedece, portanto, ao princípio de identidade. Ele se assemelha à lógica, às matemáticas, à eternidade. Leibniz dizia que as verdades eternas são deduzidas do princípio de identidade, como se elas fizessem apenas repeti-lo; elas participam, afirmava ele, do entendimento de Deus, daquele que diz: sou quem sou, sujeito redundante ou redundância do sujeito. Essa identidade novamente dita caracteriza esse formato e a forma do sujeito, a eternidade assim como a necessidade. Sem ela, nada se diz, mas ela só não diz nada.

Lembre-se: quando eu contava minha autobiografia, permanecia estável e idêntico, entre o caos granular do tempo e do ruído, essa unidade originalmente sintética, eu idêntico a mim. Quando recito, da mesma forma, alguma história, e se trata, por exemplo, da Cidade Eterna, a Roma de sempre. O sujeito da narrativa se repete quase tanto quanto o formato. A narrativa mostra assim uma forma, uma identidade estável, *eu* ou *nós*, próximos do formato, como uma camada aderente ao canal, que escorre então, ainda mais fluido.

O formato performativo: narrativa de origem ou origem da narrativa?

Mal ouso tocar nas primeiras palavras do Gênesis, obra da fé, textos milhares de vezes comentados, discutidos, venerados, ridicularizados. Ei-los aqui, entretanto. A grande semana da Criação começa com a frase: no princípio, Deus criou o céu e a Terra, e se conclui com: esta é a história do céu e da Terra. Essas duas quase repetições entre as quais Deus Se anuncia e Se retira e o mundo vem à existência abrem e fecham, em sua redundância, a caixa que contém a mensagem e da qual ela forma o invólucro.

Quase musical em seu ritmo, a mensagem, por sua vez escande a repetição dos sete dias. Houve uma noite, houve uma manhã, determinado dia, basta variar na conta dos dias. Quase musical em seu ritmo, a mensagem escande a potência da palavra performativa. Deus diz: que tal coisa seja, e tal coisa se fez. Basta variar os dias, basta variar as coisas. Quase musical em seu ritmo, a mensagem escande a separação. Deus separou as águas inferiores e as águas superiores; o mar, da terra; o dia, da noite. Basta variar as coisas separadas, nas coisas e nos dias. Quase musical em seu ritmo, a mensagem escande a nomeação. Deus chamou o firmamento de céu, de terra o continente e de mar o acúmulo das águas. Basta variar as separações e variar os nomes. Quase musical em seu ritmo, a mensagem escande o gozo do Criador. Deus viu que isso, Deus viu que aquilo, basta variar, que tudo que Ele fizera, em suma, era bom. Entre a regularidade desses ritmos, mal se observa uma leve progressão quantitativa entre as obras dos dias, como se crescesse dela o *andamento*, aumento devido à multiplicidade das coisas produzidas, rara no início como céu e Terra, mas cada vez mais poderosa quando se acendem as estrelas e fervilham os seres vivos.

Ritornelo do tempo, da produção pela palavra, do desunido, do chamado, do satisfeito, mal ouso dizer que o ritmo vence a variação, a harmonia vence o canto, a repetição vence as coisas variadas, que a redundância da mensagem, maximizada, tende, no fim das contas, para a identidade. Um dia bastaria para tudo fazer e tudo dizer? Mal ouso escrever que ao fim do terceiro dia, no ritmo em que vão o dizer e as coisas, a probabilidade de que retornem os mesmos termos tende fortemente para a certeza. Ora, quando essa probabilidade aumenta, o conteúdo de informação decresce proporcionalmente, até se anular. Eu ousaria escrever que o performativo vence a informação? Rápido, que o sábado chega, a mensagem se arrisca a mais nada dizer. Eis o repouso. Lição: no reinado da redundância, da identidade, do performativo, no reinado da Eternidade, na pregnância do formato e do sujeito, a perfeição do canal aniquila a abundância da informação. O dizer otimizado faz tudo, mas nada diz. Nada diz, a não ser a onipotência do dizer.

Eu disse a música e martelei o ritmo. Retorno, para justificá-los, para antes do começo, antes da abertura e do fechamento da caixa que contém, em seus invólucros, essa mensagem cadenciada. Surpresa com a criação dita *ex nihilo*, existe um estado que precede esse princípio, estado em que reinam o deserto, as trevas, o abismo e a massa informe das águas primordiais, em que predomina o tumulto. Retorna o ruído encontrado em minha alma e meu grupo. Ritmo plano e formatado, firmamento plano, por um lado, que nos protege como de uma parede, desse ruído de fundo que fazem, do outro lado, as ondas do mar, o rumor de base das multiplicidades inumeráveis que nenhuma música nem nenhuma palavra já mediu, o fôlego por trás do silêncio. O granulado, depois o unificado. O múltiplo e o um. O diverso e o homogêneo. O enrugado e o monótono. O caos irracional rugindo e o Ser que é, redundante. O indizível e o repetitivo. Do ritmo se segue o variado. A semana detalha o preexistente Domingo de antes: o Único e o ruído. Dois tempos: identidade, alteridade; formato e bifurcações; acaso e necessidade.

Que seja preciso o ritmo regular da música para nivelar o detalhe desordenado das multiplicidades, para alisar seu zumbido ensurdecedor, eis aí, com efeito, uma lição que nos dão o mundo e seus elementos, mares, vulcões, sismos e ventos, as singularidades ou as espécies diversas dos seres vivos, mas que nos deu da mesma forma minha consciência de mim, nos confins do calor carnal, que nos deram ainda as massas anônimas nas quais nos perdemos, assim como as nações que nos atiram em guerras gritantes de ódio, lição dos subjetivos, do coletivo, do objetivo, mas do cognitivo também, lição da consciência, da história, do universo e de seus saberes, a lição maior que aqui Deus nos dá. Lição de dupla entrada de toda narrativa possível.

Aqui começa, portanto, a narrativa do Gênesis. Aqui começa também a gênese da narrativa. Eu tomo, nós tomamos, eles tomam, Ele toma em suma a palavra. Logo, ela performa, separa, chama e goza. Ela repete, identitária, e corta toda a multiplicidade. Ela corta tanto que bruscamente se interrompe. A desordem se retira e não pode mais lhe resistir. Em contrapartida, ela não a alimenta com nenhum conteúdo. Deus diz: Eu sou o que sou, Eu digo e Eu crio o que é. Por uma palavra repetida, tudo termina. Não há narrativa. A gênese da narrativa começa por uma tão pequena narrativa que ela anula a narrativa; a primeiríssima lei dessa narrativa o princípio eterno da identidade aniquilou, com repetições, o tempo e toda narrativa possível. Pouco mais curta do que uma pequena semana ritmada.

Então, para que a verdadeira, a autêntica, a desenvolvível, a temporal narrativa comece, é necessário abri-la verdadeiramente ao que rompe a identidade, ao que quebra a redundância, a multiplicidade caótica, ao rumor, ao tumulto. No primeiro começo Deus fala, Ele não cessa de dizer, a palavra não faz senão falar. No segundo começo, Ele vai falar um pouco, em seguida não vai falar muito, em seguida Se retira numa transcendência ausente. Então outra Grande Narrativa começa. Entram o homem e a mulher. Eles não vão mais parar de falar, para preencher, no detalhe, o imenso silêncio de Deus. Entram a alteridade, a desordem, a raridade das singularidades.

Números
Quando começamos uma narrativa, oral, escrita, de signos ou de eletrônica, nos certificamos inicialmente, eu o disse, do formato. Luz, página branca, tinta preta, visibilidade, escuta, conformidade ortográfica, semântica, sintáxica... Não recapitulamos, certamente, a cada vez, o alfabeto das letras, o solfejo das notas, a sequência dos números, nem a tabela dos átomos, nós os consideramos, virtualmente, como adquiridos. Mas tudo se passa como se pudéssemos, de tempos em tempos, verificar sua presença, sua fidelidade. Pois sem eles a narrativa desapareceria.

A série de números pode, a esse respeito, servir como imagem. Entre eles, os números primos produzem os outros, que então apenas repetem combinações. Diferentemente do alfabeto, do solfejo, da tabela de elementos, sua sequência, infinita, se distribui estranhamente na infinidade ordinal dos inteiros. No princípio há muitos: cinco, até o 10, quatro de 10 a 20, e assim sucessivamente. Ignoramos a lei do seu aparecimento. Mas sabemos que, à medida que se avança, eles se fazem cada vez mais raros e inesperados até que nos surpreendamos ao encontrá-los, como pepitas de ouro nas lamas banais de uma torrente. O mundo se assemelha aos números primos semeados nos outros números. Erramos no espaço comum quando subitamente surge um local de beleza que faz nosso coração bater. Erramos no tempo da história, na aventura da vida, na massa anônima e, de súbito, momento de exceção, uma sorte deliciosa, um encontro oportuno e capturam com seu relâmpago a intuição inteligente, o ventre vago ou a alma e transportam ao sétimo céu. O mundo, a duração, a massa semeada de pepitas de ouro, sinos raros, instantes densos ou mulheres primeiras.

A Bíblia recita Deus como conto os números. No princípio, nos sete primeiros dias, o Criador Se repete, presente, vê-se apenas Ele, escuta-se apenas Ele, tudo se produz da Sua palavra. Passada a semana, Ele entra em seu repouso. Ele ainda vai falar, mas pouco, muito menos, cada vez menos, Sua palavra vai se fazer cada vez mais rara e inesperada, até que nos surpreendamos, gritando milagre, quando alguém O reconhece, aqui e agora, como uma pepita de ouro, nas multiplicidades banais e cruéis da história, como a tangência pontual da transcendência sobre as águas agitadas da imanência, como a constância do esquecimento, como a verificação do formato na abundância imensa das coisas transmitidas. No princípio do mundo e da narrativa, o começo eterno da identidade repete tanto seu formato que a mensagem perde toda informação. A certeza transborda, a raridade falta.

A primeira mulher

Então a história principia, então principia a narrativa. Onde a palavra ainda tenta ter seu papel performativo. Deus criou o homem à Sua imagem e à Sua semelhança, e Adão vai nomear as plantas e os animais do jardim como o Criador nomeou a noite e o dia. Se isso continuasse, ainda não haveria narrativa, ainda não haveria informação, nada, a não ser identidade, por falta de raridade. Felizmente, adveio a mulher. Ela põe em xeque o performativo da palavra divina. Que imediatamente o feito se siga ao dito pelo fato mesmo de dizê-lo, isso caracteriza ao mesmo tempo a ordem e a onipotência. Deus diz: não comerás desse fruto e, logo em seguida, tentada por um réptil qualquer, Eva o consome, a primeira raridade; logo a primeira informação rompe o princípio de identidade do fato idêntico ao dito. A falha na onipotência, a desobediência à ordem, eis o verdadeiro início da história. A narrativa começa sempre numa bifurcação que rompe a repetição. Mãe da humanidade, Eva carrega a matriz de toda narrativa possível. A história inicia com a queda. A mulher põe em xeque o princípio de identidade, põe a informação na redundância, quebra o vidro plano da eternidade, inventa a história ao atirar a raridade na repetição. O Deus do Gênesis tem o papel de formato universal; Eva, singular, rompe esse formato.

A partir daí, a história mostra uma dupla raridade. Inicialmente, a abundância diversificada da desobediência humana. A mulher e o homem, o indivíduo e o grupo vão colocar seu gênio para loucamente variar todos os tipos de crime. Matar seu irmão, sua filha, qualquer um, violar a mulher de seu servidor... na narrativa se vê a superabundância dessas raridades, cada vez mais comuns, até recair na monotonia. Durante o tempo dessa narrativa, Deus, ausente, aparece, por vezes, raramente, fala com os profetas, os profetas falam por Ele e Dele, estoura no cume do monte Sinai, semeia Sua falta na história. Outrora redundante, ei-lo raríssimo na narrativa. Ao passo que o pecado, inicialmente raro, depois frequente, passa da informação à redundância, Deus passa inversamente da identidade repetida à aparição rara.

A história, mas também toda narrativa em geral, combina as duas leis: o um e o múltiplo; o mesmo, repetido, com o outro, diversificado; a redundância e a raridade imprevista; o formato estável e bifurcações; Eva bifurca simplesmente o formato redundante do performativo. Mas, além disso, a Bíblia cruza as duas leis, divina e humana. Deus único, o Criador tem o papel de formato e guarda a eternidade. Diversa e não performativa, a palavra dos homens entra no tempo, imprevisível como ela e como seus locutores. Mas a narrativa cruza os dois papéis, em imagem e contraimagem. A bifurcação desobediente e pecadora é superabundante, a ponto de virar repetição, mergulhando a história humana na monotonia redundante do crime. Saturada de informação, a narrativa, pouco a pouco, a perde. Principiada no imprevisível, a história entra na repetição. Inversamente, a identidade divina, principiada na redundância performativa e criadora, vai, pouco a pouco, para o repouso, se retirar, faltar, se ausentar cada vez mais e se fazer tão rara e tão imprevisível que passa, por sua vez, da nulidade de informação a seu preenchimento.

Existe narrativa tão saturada de informação quanto aquela que mostra a mais forte raridade? Assim, permutando as duas leis, se cruzam duas histórias, a das multiplicidades humanas e aquela da unidade divina, aquela de uma desobediência tão frequente que se torna hábito e aquela de uma eternidade tão raramente presente que se torna evento. A narrativa não conta senão crimes, até não dizer mais que sua alta probabilidade, a certeza que a violência nos devastará até Hiroshima; ao mesmo tempo, a narrativa conta apenas ausência, a espera, a esperança da sorte a mais rara, conta a mais dilacerante de nossas faltas, até nos persuadir de sua improbabilidade. De súbito, só há certeza do Mal, não há novidade sem esperança, a não ser o Messias, cuja vinda, indefinidamente retardada, nos libertará. O máximo ou ótimo de informação pode então redimir a perda? A esperança redime todas as nossas certezas? Munido dessas duas leis cruzadas, a narrativa contém a matriz de toda narrativa possível?

Mal, estreia
Que a literatura nasce com o Mal não necessito de transgressão para compreendê-lo. Toda narrativa só começa, com efeito, rompendo com a identidade, colocando um obstáculo diante da palavra performativa, bifurcando-se na repetição. Sem essa bifurcação, esse obstáculo, essa ruptura, a redundância impede que principie uma narrativa ao esvaziar a mensagem de todo conteúdo de informação. Antes da mulher, existem apenas imagens repetidas ou semelhanças. Deus criou o homem à Sua semelhança, assim como criou o mundo com Sua palavra. Modelo reduzido desse mundo-paraíso, o Éden se preenche de plantas nomeadas. A mulher recusa

a repetição. Ela peca pelo esquecimento do Ser. A queda quebra a redundância. A desobediência rompe com a identidade. A falta inclina ao paralelismo das imagens. Toda narrativa possível começa com a saída do paraíso performativo, quando uma inclinação quebra a bifurcação do tempo. Eva inventa a literatura. Poderíamos, desvairadamente, falar de falta, de pecado, de transgressão, de mal radical, do diabo e de seu séquito, tudo se reduz, numa simplicidade admirável, à inflexão da identidade, a um ângulo na redundância, a uma descida escorregadia que escapa da planície uniforme do performativo. Eva abre o ângulo que faz nascer o tempo a partir da eternidade, a palavra múltipla e circunstancial, singular e variada, a partir de uma segurança monótona. Do diabo vejo apenas os pés, de cascos fendidos.

Alguns sonharam um dia usufruir do performativo. Os juristas conseguiram-no e descobriram no direito, locais e tempos, circunstâncias onde dizer: está aberta a sessão, abria, de fato, a sessão e na qual pronunciar uma condenação à morte fazia, *ipso facto*, com que uma cabeça fosse cortada. Dita ou escrita, a lei tem força de lei. O Legislador, quase divino, reflete a imagem de Deus, Legislador. Fora do direito, porém, o sonho rapidamente se torna pesadelo. O rei Midas conseguiu, diz-se, transformar em ouro tudo o que tocasse, como se sua pele estivesse dotada do poder da pedra filosofal. Ele desejava ouro, ele tinha ouro, mas, por redundância, tudo se tornava ouro. Tivesse ele fome ou sede, e o pão que partia ou o vinho que se servia, o sal que espalhava, rapidamente tudo virava pepitas ou lingotes, deixando-o morrer faminto. Aqui, o performativo provisório; lá, o performativo de desejo: o que desejava Sade, o divino marquês desejava, além disso, era que a pessoa que ele desejava o desejasse como ele. Esse cúmulo de arrogância aristocrata acabava em monotonia assassina. Que pode haver de mais redundante que os crimes sádicos, a não ser os reinados dos tiranos sedentos, da mesma forma, de um poder performativo? Diodoro, o imperador Caracala, Luís XIV, predecessor com peruca de Stalin, ou o infame Pol Pot, a mesma mortal uniformidade. Outros por fim desejaram o performativo da razão e o encontraram no dogma, na infalibilidade do saber absoluto: naufrágio na tolice inflexível. Em todos os casos, ouro ou sexo, potência ou verdade, o performativo conduz à morte pessoas ou a inteligência. Vazio de informação, a redundância precipita no nada, em meio à contagem monótona das colunas de Buren. Ao querer imitar essa ideia de Deus, nós nos transformamos em pobres diabos estéreis ou perigosos, sem história nem narrativa, exceto a contagem de túmulos nos cemitérios.

*

Sujeito formidável no capítulo dos princípios, Deus dissolve Sua onipotência em fraqueza, extingue Sua palavra em Seu mutismo. Começa Sua Paixão. Sua presença densa se evapora numa virtualidade tal que cada um pode desobedecê-Lo livremente. E não evocá-Lo, não invocá-Lo, cantá-Lo apenas por signos que podemos dificilmente escrever ou dizer. Tão desvanecido que praticamente não existe qualquer indício Dele. O rumor múltiplo do charivari histórico recupera a unicidade do verbo performativo. Pior, que esse verbo reapareça, em carne e osso, evento de tal forma improvável e raríssimo que ninguém poderá crer numa tal quantidade de informação, e todos correrão para Ele até que agonize. O sujeito na dimensão do mundo se faz objeto na dimensão do nada.

Mas os gritos do alarido de história só murmuram Dele. Sim, o tumulto cultural designa mil e um objetos diversos, mas todos trazem essa falta, esse buraco do virtual ausente. Perdido, o sujeito se torna objeto perdido. Para recuperar, redescobrir, perdidamente. Sujeito infinitamente poderoso em todos os começos, Deus Se torna o objeto infinitamente fraco e despercebido do fim.

DESENVOLVIMENTO DE UM ESPECTRO CONTÍNUO POR VARIAÇÕES DISTINTAS

Tema e primeira variação em repetição: a palavra
A história, portanto, repercute com a ausência divina, salvo a exceção: quando passam os anjos, cantam os salmistas ou gritam os profetas. Quanto maior for Sua necessidade, menos há informação que, inversamente, cresce com o acaso da desobediência. Quanto mais há necessidade, menos há narrativa, que é tanto mais abundante quanto tende à contingência, quando Deus Se retira. Big Bang da Bíblia-bomba: da identidade à alteridade, da repetição à contingência, quando a narrativa começa, explode a história, *ex nihilo*. Densa informação, ela irrompe de uma semana a-histórica, a nível zero de informação. O acaso irrompe da necessidade. Tudo se reverte a partir de Eva.

Acontece-me pensar que ela abre uma fissura no puro liso construído para que o idêntico, com sua ordem, nos proteja da balbúrdia. Mediante ela, o rumor surdo no cerne do silêncio redundante.

Nascimento do tempo: não há mais eterno retorno. O tempo começa na tangência contingente da eternidade, onde reinam o idêntico e o repetitivo; sua duração inicia ao fim dos ritornelos que ordenam a semana criativa. O tempo nasce da desobediência improvável, da incrível perda, de parte do verbo divino, de seu poder performativo, lance de dados, acaso que, por sua raridade, faz explodir a quantidade de informação, portanto, lança o tempo da narrativa. A irreversibilidade do tempo é seguida por essa contingência, essa raridade, essa bifurcação, essa abertura da narrativa; esta se desenvolve menos no tempo do que o tempo se define, antes, pelo perfil inventado da narrativa. Anular a narrativa equivaleria ao reversível; equivaler ao reversível anularia a narrativa. O tempo surge da eternidade, como o acaso da necessidade.

Segunda variação: os átomos

Na mais extremada distância com relação ao que precede, passemos da área semita à greco-latina; de Jerusalém a Roma e Atenas; do espiritual ao material; do religioso ao sábio; da prosa à poesia; da palavra aos átomos; do macio ao duro; de Deus ao repúdio ateu do divino. Tão afastada quanto possível da primeira variação, o princípio do mundo que diz, desenha, calcula, canta, recita Lucrécio, desdobra, porém, o mesmo modelo.

Originalmente, chove eternamente, em paralelas, átomos no vazio unido. Repetitiva e redundante, a ordem reina *ab initio*: regularidade homogênea de um ambiente infinito e monótono, movimento uniforme, escoamento laminar. Aleatório, distribuído improvavelmente, tempo e locais incertos, na extensão e na duração lisas, infinitamente pequeno, o *clinamen* diferencial rompe subitamente essa eternidade identitária da queda dos elementos no vazio branco, e favorece, pela indução do turbilhão, a amarração das coisas, os encontros da história, mesmo a composição das palavras. Absurdo, inconcebível, impossível mesmo, tangente e contingente, sua declividade barra a queda vertical, como a desobediência contradiz o performativo. Uma desordem se introduz na ordem prévia.

Nenhuma narrativa pode jamais contar o paralelismo geométrico, fora do tempo, da chuva elementar, porque não contém, em sua repetição, nenhuma informação. Pela primeira circunstância, a narrativa começa; com essa inclinação, ao acaso, na queda de um átomo, com a tangente de um início turbulento, com a contingência do tempo no eterno. Declinamos essa declinação no feminino; inversamente, gostaria de dizer que Eva se inclina e louvar a matriarca por sua turbulência. Então todo o universo das coisas, a história dos homens e o poema de Lucrécio irrompem juntos nesse lance de dados turbilhonante. Entrelaçam-se os átomos e nascem as coisas; se emaranham os códigos e aparecem as palavras. Assim, a narrativa irrompe da eternidade muda, por um acaso semeado na necessidade.

Acontece-me pensar que o *clinamen* provém de uma rasgadura brusca no muro liso do vazio, aqui construído para que o idêntico, com sua ordem, nos proteja do burburinho emitido pelo fundo do mundo. Por ele, do ruído surdo do cerne do silêncio da queda.

Essas narrativas se opõem permanecendo gêmeas: materialista, mecânico e ateu, esse segundo modelo enunciado numa outra língua, falo sem paradoxo, o criacionismo monoteísta, espiritual e linguístico da Bíblia. O que um desenha, o outro diz; o que um esquematiza com partículas, o outro conta com sua palavra; a ordem eterna que um traça em linhas paralelas no espaço, o outro a situa, ritmada, no performativo de uma língua onipotente; o buraco da desordem aqui aberto pela turbulência é dilacerado lá pela desobediência. Em suma, apesar das enormes diferenças, essas variações iluminam, contudo, um deslumbrante isomorfismo: nos dois casos, a narrativa, o tempo, a história, o mundo, tudo o que existe e se move, mais tudo o que é possível ser dito, emergindo de um curto-circuito fulgurante que põe em relação a ordem e a desordem, a redundância e a bifurcação, o idêntico e o turbilhonante, o acaso e a necessidade. Ao sair do branco mudo, a narrativa irrompe do improvável; nas fronteiras da identidade, a informação surge de uma raridade; na tangência do eterno, o tempo sai do contingente. Um invariante por variações aproxima os dois modelos para além de suas divergências. Eles traduzirão, cada um por sua vez, um esquema talvez inevitável ou difícil de ser ultrapassado, onde, de qualquer maneira, o acaso se mistura com a necessidade?

Terceira variação: a física
A invenção, no Renascimento e talvez até desde a Idade Média, da ciência moderna consistiu na aplicação das matemáticas à experiência física, no encontro de uma língua identitária aos princípios universais, por um lado, e das singularidades múltiplas e irredutíveis do real, pelo outro; ou seja, na originalidade de uma nova tangência entre dois mundos, o do acaso, o da necessidade.

Por que essa descoberta emergiu tão tarde, ao passo que os gregos da Antiguidade tinham tudo, ao que parece, para realizá-la? Eles não puderam inventá-la porque acreditavam na necessidade. O nascimento da geometria provocou um clarão que ofuscou e cegou seu pensamento; havia razões para isso. A irrupção do necessário nas coisas e nas palavras traz o maravilhamento a quem medita. Muitos gregos acreditaram que bastava confiar na divina mestria para tudo compreender: a política e o homem, a música e o mundo, até o detalhe de causas e razões; bastava deduzir. Nessas longas cadeias de raciocínio, todas simples e fáceis, eles se depararam com uma estranheza que nós mesmos, talvez, ainda não esclarecemos. Por que milagre, exclamaram, por exemplo e juntos, Kant e Einstein, tal teorema, formal e abstrato, se aplica a que circunstância concreta das coisas? Por qual mistério essa circunstância dirá respeito à universalidade desse enunciado, enfim, esse acaso tangenciará essa necessidade?

Platão acreditou por um momento que ajudado pelo Demiurgo, seu *Timeu* poderia deduzir das matemáticas o detalhe do mundo; que à maneira dos átomos da matéria, seus triângulos e seus poliedros formais comporiam, por si sós, os quatro elementos inertes, o universo e os viventes. Ele fracassou, pois estava enganado. Essa queda ressoou por muito tempo, e foi necessário esperar pelo menos até o Renascimento para nos reerguermos.

Se ele acreditava com certeza nesse milagre, seu Demiurgo, entretanto, teve a inteligência inicial de construir sua astronomia fazendo a interseção do círculo do Mesmo pelo do Outro, para assim abrir o ângulo oblíquo do elíptico. Surpresa, mais uma vez: eternitário e redundante, a identidade encontra, no ponto vernal da primavera, uma estranha alteridade que a contradiz, para que a narrativa do universo possa começar ou se tornar possível. Não era o que eu dizia há pouco?

Mesmo no interior do projeto formal, guardar apenas a eficácia das Ideias ou das Formas matemáticas, mesmo no sonho de universal dedução, sonho formidável e oco que custará aos gregos não poder aceder à ciência moderna, a inclinação retorna, reintroduzindo ruído na redundância do Mesmo para que se abra a narrativa dos começos do mundo.

Não nos surpreenderemos que Milton e tantos outros, mais tarde, tenham reconhecido na inclinação da eclíptica, cuja doçura produz, entretanto, as estações e os frutos, a marca do pecado original e da queda de Eva. Por mais ingênua e risível que hoje possa parecer essa translação, ela tem uma forma abstrata que a faz único objeto de minha reflexão, aqui. Eva se assemelha a Outra, ainda melhor do que imaginou o autor de *O paraíso perdido*. Tudo se passa como se um modelo rigoroso atravessasse, com sua estrutura estável, as narrativas originais – as origens da narrativa – as mais diferentes, as mais opostas em aparência. Ao comparar, com efeito, o *clinamen* de Lucrécio à inclinação induzida, nos céus platônicos, pelo Outro sobre o Mesmo, ainda nos perguntamos por que os Amigos das Formas iniciaram, há tanto tempo, essa batalha picrocholina* contra os Filhos

---

* Conflito oriundo de motivos obscuros e fúteis, referido ao personagem Picrochole de *Pantagruel*, de Rabelais. (N. T.)

da Terra, e por que absurdas razões alguns países, ditos civilizados, hoje ainda tremem por ela.

E agora, o que pensa e o que faz Galileu, ao final do Renascimento? Ele lê, segundo diz, um mundo escrito em língua matemática. Certo, mas retorna o mistério: poderemos prever que frase dessa língua exprime, aqui ou ali, esse ou aquele fenômeno? Poderemos deduzir, inversamente, essa aparência daquele teorema? Não, responderam ao mesmo tempo o mundo e sua língua. Nem uma nem outra permitem que seja descoberta essa chave. Nem a língua sozinha permite que seja predita que região do mundo segue determinada de suas prescrições, nem determinada região do mundo permite que se preveja que frase da língua a dirá. O mundo superior das formas não desce, em si e previsivelmente, ponto a ponto, região por região, ao mundo tal e qual, que, inversamente, não sobe, da mesma forma lugar por lugar, para a língua. A aplicação não se faz sozinha, automaticamente. É preciso experimentar.

O caráter inevitável da experimentação vem daquilo que não podemos predizer; se o teorema irá se adaptar, por exemplo, à queda dos corpos. Poderemos dizer por que, nesse caso, impõe-se uma equação de segundo grau, ao passo que aqui, por outra região, teremos de usar uma integral ou, em outro, um tensor? Apenas a experiência o sugere, o indica, o dita. Dito de outro modo, o mundo mostra a contingência com relação à linguagem necessária que, porém, o exprime da melhor forma. Com maior ou menor dificuldade, a necessidade tangente das coisas aleatórias relacionadas a ela. Retorna assim, como um refrão, o que não cesso de dizer.

Por conseguinte, esse refrão se estende tão amplamente que essa bifurcação, que esse nó inadequado, esse cruzamento do Mesmo e do Outro, esse encontro da necessidade com o acaso, essa fragilidade de adaptação, esse princípio de narrativa... definem a ciência moderna. A mecânica, a astro- ou a geofísica, a termodinâmica, a bioquímica... não param nunca de aplicar leis necessárias, matematicamente formuladas, às regiões do mundo, às singularidades do tempo, do espaço, dos movimentos, das forças. Citem uma única ciência que se privaria da tensão entre um fio condutor logicamente coerente e mil grãos de estilhaços de coisas que formam uma paisagem contingente, sem uma tangência daquele, matemático, a esses outros, experimentais. Globalmente necessária, metodicamente obrigatória, resta que essa correspondência entre, para o detalhe local, no imprevisível; ninguém pode dizê-lo, antes de toda experiência, que equação, que desigualdade, que fórmula sairá dela. Definiremos então a aplicação como o estabelecimento de relação, como tangência contingente entre o acaso e a necessidade.

Que a Grande Narrativa conte doravante o conjunto global do estabelecimento dessas relações, isso surpreenderá apenas aqueles que não compreendem que a ciência moderna, na própria manhã de sua emergência, já tomava, assim, a forma da narrativa.

Além disso, e só muito recentemente o percebemos, a única experiência decisiva é aquela que falsifica as leis em vigor, mais uma vez redundantes no modelo precedente. Uma verificação a mais não ensina nada, em razão, justamente, de sua repetição, ao passo que colocar em xeque lança uma bifurcação, outra possibilidade. Então, a informação cresce e a narrativa é reiniciada. Muitas invenções sábias procedem de uma experiência que, resolutamente, ao se recusarem a dizer o previsto, se colocaram como interrupção da redundância. Viva o erro e o falso! A história das ciências, então, é contada como a série imprevisível das visões do mundo que bruscamente se viram transformadas em falsos encontros. No próprio cerne das ciências precisas e exatas, encontramos, como em toda outra narrativa, a ruptura da lei, a desobediência à regra, o que coloca um grão, um espinho, num canal plano. Sem esse falso, a história da verdadeira ciência não teria nem mesmo começado. Ela não teria, além disso, repartido.

A falsificação não cessa de abrir um segundo canto na ciência em progressão, como a desobediência de Eva abriu o segundo capítulo do Gênesis. E, apesar da distância entre essas duas regiões culturais, por motivos semelhantes. Na narrativa do saber, a experiência falsificadora tem um papel isomórfico ao da irrupção, no jardim-paraíso, do Mal, da infelicidade, do acidente, da queda ou, ainda, da inclinação na queda. A contingência assume mil máscaras: aqui, do falso; ali, do Mal, alhures; do improvável... em todos, a desobediência. Muitas Evas assombram nossos laboratórios; uma percentagem importante de prêmios Nobel, coroados idosos, sofreram, em sua juventude, por projetos recusados por comitês *ad hoc*, presididos por deuses da redundância que usavam o raciocínio certo. A história das ciências repassa a história santa? Sofremos, suamos, morremos; enganados, nós nos enganamos, erramos e descobrimos, surpreendidos, mas risonhos, que aqueles que pretendem sempre ter razão gaguejam sua redundância.

Se repetir, na pesquisa, o que o ensino lhe ensinou, você terá uma carreira honrosa na universidade, onde são respeitadas as citações, isto é, a cópia do Mesmo. Se, ao contrário, você se bifurcar, você se arrisca a conhecer o destino dos Mendel, Semmelweis ou Boltzman, geniais precursores, desconhecidos e perseguidos, impelidos à obscuridade ou ao suicídio. À geração seguinte, será venerado, morto, como profético e revolucionário. Mesmo nas invenções, a vítima se torna, após sua morte e seu banimento, um deus por apoteose.

Gostaria, para terminar, de corrigir uma palavra de Galileu. Ele julgou que o mundo fosse escrito em língua matemática. Essa intuição inaugurou a ciência moderna. Filósofos e cientistas nunca se recuperaram dessa fórmula, já que não cessam de redigir, com o sucesso que conhecemos, essa língua. Eu também a pratico, a admiro e a celebro. Mas creio, agora, que a matemática exprime o formato do mundo. Ela diz menos a língua do que exprime seu formato. O mundo fala, e mesmo escreve, certamente, por vezes melhor do que nós, mais exatamente e mais fielmente do que nós – já que a Grande Narrativa, exata, lê essa escrita –, mas, em todo caso, não como nós, que falamos em línguas, escrevemos com letras, notas, sons ou outros elementos quaisquer e convencionais e construímos linguagens. Ele dá um formato. O dado se dá como formato; o construído se escreve ou se fala. A natureza se formata, a cultura se diz ou se escreve. Assim, nossos matemáticos dizem, exprimem, escrevem, explicitam, apresentam, analisam, mostram, demonstram o formato do mundo.

Mais geralmente, o que nomeamos de sujeito me parece se fundir no formato. Constituo o formato de minha autobiografia, daquilo que eu e outros contam de mim; o formato, não o governante. O *nós* constitui, do mesmo modo, o formato de nossas histórias, e não o governo; o mundo e o homem constituem, enfim, o formato da Grande Narrativa, e não sua governança. Mistério ou transparência, Deus Se constitui como formato do Universo?

Quarta variação: a vida
Tento contar, como no início deste capítulo, a narrativa evolutiva da vida. Chovem elementos e letras, dizia eu há pouco, falando da Antiguidade. Para o saber do dia, átomos simples e moléculas compostas se encontram e se chocam por bilhões de anos, de acordo com leis repetitivas, as do calor, entropia ou refrescamento, as da gravidade, atração ou repulsa, ou outras ainda, iteradas de forma idêntica em todo o universo. O alfabeto dos corpos simples como o desses compostos, de uma simplicidade admirável, se repete o quanto se queira. Portanto, chovem letras, para nós, químicos, como choviam átomos para Lucrécio, físico. Subitamente, apareceram quatro ácidos aminados, cujas combinações gozam de uma estranha faculdade, a de se replicar.

Nisso reside não o advento, pois nada ainda muda, já que, local aqui como global para as leis físicas, a replicação repete o reinado do Mesmo. Enquanto as leis do inerte continuam, com suas redundâncias, a ocupar um universo global, começa, localmente, uma nova narrativa, bioquímica, por sua vez, desde o primeiro erro de tradução, desde que a repetição se engane, desde o primeiro erro, desde a primeira mutação, tendo assim um papel de outra inclinação, tão improvável, tão aleatória, tão minúscula quanto ela, mas errada, mas desobediente, mas falsificadora, mas monstruosa, *hopeful monster*. A mutação, então, aqui e ali, tempo e lugares incertos, não cessa de lançar recombinações entrelaçadas, ainda que com frequência econômicas, de onde se seguem a evolução e o desenvolvimento onde nascem, mudam e desaparecem os indivíduos e as espécies, numa narrativa que tenta incessantemente, ao desdobrá-los, outras tantas recombinações, inventadas por essas bifurcações mutantes.

Por outro lado, presente e ativa, a pressão de seleção dimensiona e rompe essas invenções, filtrando-as mediante a iteração necessária da morte; repetitiva, redundante, tragicamente performativa, a lei seletiva não tem mais nada a dizer senão suas monótonas matanças. Jacques Monod dizia: o acaso se mistura à necessidade. Imprevisível, contingente, mortal, o vivente encarna e prepara a contingência da história, tão mortal, tão imprevisível quanto ele. Conte a bioquímica como uma narrativa; relate a bioquímica como a vida; recite a bioquímica como o tempo.

Mais uma vez sem paradoxo, eis quatro modelos isomórficos: duas antigas narrativas, o Gênesis e a de Lucrécio, físico, e duas mais recentes, neodarwinista e renascente, esta estável e inerte, aquela evolutiva e viva, ou seja, quatro narrativas em que o redundante e o contingente se misturam, onde o acaso faz irromper a narrativa a partir da necessidade. Eva contradiz a regra do performativo; a obliquidade do *clinamen* barra a lei vertical da gravidade; a falsificação faz bifurcar a norma; a mutação trai a tradução. Pecado, absurdo, falso, erro. Um buraco é aberto, pelo qual, surda ao ruído, se inicia o conjunto das narrativas. E se classificássemos Eva, nossa mãe, entre os *hopeful monsters*? Uma mesma lei torna gêmeas duas narrativas opostas em nossos debates. Assim, variando quatro vezes num tema imprevisivelmente comum, convido a rir das batalhas que opõem preferencialmente os que têm dificuldade de compreensão, irmãos inimigos dos quais fala uma das próximas variações.

A comunicação: balanço temporário

Assim como as narrativas íntimas e as histórias coletivas, as ciências exatas têm então relação com um *continuum* necessário e um descontínuo de imprevisíveis. Ciências: eis ali Newton ou Einstein, mas eis aqui os *quanta*. Narrativas: eis ali um drama fatal, mas eis aqui circunstâncias encontradas.

Pressinto-o há meio século, a comunicação e suas obrigações ajudam a uma síntese entre as lógicas puras e abstratas, as ciências experimentais e a literatura geral dos fenômenos culturais. Repito-o para facilitar o canal de minha própria mensagem: o leito do fluxo, o fio de toda mensagem – o sistema universal, a linha contínua, o abstrato geral, o necessário... – contrariam com seu conteúdo informativo – o singular, o contingente, o detalhe do concreto, os feixes de *quanta*, os grãos ensurdecedores do caos, o próprio acaso... Assumida, gerida, mantida em todo caso, essa contradição de duas leis ou de dois universos, próprias ao trabalho da linguagem como a da nossa experiência do tempo, e cujo relatório, tenso, varia de um domínio a outro, constrói o conjunto disso que comunicamos nele, com ele e por ele.

Com essas quatro variações sobre esses dois termos, comecei a desdobrar um espectro, objetivo e cognitivo, no sentido do espectro das cores, no qual cada faixa colorida é composta por uma dessas variações. Tendo partido, por instante, de uma narrativa que se passa por simbólica ou mesmo mítica, ele continua, paradoxalmente, saberes mais reconhecidos, a física, antiga ou moderna, a biologia. Com outras variações ou faixas, vou levá-lo, ainda, da lógica mais exata aos gêneros literários mais suaves.

Mas concluirei principalmente que, absolutamente nova, a Grande Narrativa apresenta ao mesmo tempo o cúmulo do necessário e o cúmulo da contingência, o ótimo do universal – todas as leis de todas as ciências – e o máximo de singularidades – e todas as circunstâncias que advêm no tempo do universo e sua minúscula cauda de história.

Assim, formará ele uma ponte entre o espectro global das mensagens, que separa a linguagem lógico-matemática das circunstâncias contingentes caóticas da narrativa dos acontecimentos? Talvez, pois sua novidade vem disso que, por uma inversão inesperada que caracteriza a epistemologia de nosso tempo, as leis mais rigorosas aí se tornam, justamente, circunstâncias contingentes. Numa escala gigantesca, seu tempo desenvolve uma espécie de arborescência na qual, sobre as leis exatas da mecânica quântica, da relatividade, da astrofísica, se enxertam, se encaixam, se conectam, de maneira inesperada e imprevisível, aquelas também exatas da mecânica geral e da geofísica, sobre as quais se enxertam ou se encaixam, contingentemente, as da bioquímica, do mesmo modo precisas, as das espécies vivas, de onde surge a humanidade... com cada bifurcação fazendo advir novas leis para um novo tempo. Assim, ela exibe uma arborescência contingente de necessidades conectadas. Retornarei a isso.

Organização da quinta variação
Mas eis aqui, mais uma vez, passado em revista e resumido o espectro anunciado. Para esboçá-lo, comecei por variar uma das mais antigas narrativas que formaram a minha cultura. Globalmente, a Bíblia projeta, eu o disse, o desígnio universal dito pelo verbo divino sobre os detalhes do mundo, sobre a liberdade dos indivíduos e a de um grupo, sobre a contingência e seus atos; a palavra monoteísta modela eventos muitas vezes rebeldes a sua lei: reis desobedientes, povos adoradores de ídolos. Essa projeção, na qual se aliam e se contradizem os dois elementos aqui aclarados, produz a história santa.

Como exemplo singular, logo no início do Gênesis, objeto, hoje, de um debate absurdo, divide-se, ainda não o disse, em duas partes sobre as quais afirmam os eruditos, de maneira plausível, que elas têm pelo menos duas fontes distintas. A primeira, estilisticamente escandida, de alcance cosmogônico, a palavra é dada apenas ao Deus criador; a ordem reina ali, várias divisões separam o céu e a terra, luz e trevas... e se produzem todas as coisas; o homem e a mulher se instalam no fim de semana, numa harmonia lógica; repetições, refrãos ou ritornelos, como que salmodiados, assumem aí uma coerência e uma perfeita memorização. Eis então, em rigor, as leis, enfim, o que caracteriza ao mesmo tempo a redundância, o formato do canal e a necessidade.

Numa segunda parte, ao contrário, Deus diz pouco, exceto para proibir ou para ajudar, ao passo que a serpente, a mulher e o homem fazem uso, por sua vez, da palavra; um estilo hesitante, complexo, intrincado, acaba por um ato imprevisível, fruto dessa contingente liberdade que vai se tornar ao mesmo tempo matéria e obstáculo das realizações difíceis no desígnio divino na história humana. Por que essa necessidade de duas fontes, uma vez que os dois princípios da narrativa mobilizam seu *incipt*?

Produtor de história no sentido usual, vou dizê-lo, essa narrativa profética dos juízes e dos reis conta, em seguida, como a transcendência, a onipotência, a providência e suas leis soberanas tentam esculpir uma imanência atravessada pelas sedições indóceis. Oriundo da palavra de um Deus único, esse projeto trans-histórico culmina na Encarnação, na qual coexistem numa só pessoa a eternidade divina, todo-poderosa, e a fraqueza humana e mortal, a contingência e a necessidade. Jesus Cristo encarna em sua pessoa o herói de toda narrativa.

Quinta variação: as histórias
Substituindo esse projeto de Deus, um sentido qualquer da história, ditada por algum filósofo ou por outra ideologia, tenta, mais tarde e por sua vez, orientar os ditos acontecimentos de acordo com sua linha de força. As narrativas de Condorcet, de Hegel ou dos marxistas laicizam as da Bíblia, de Pascal, de Bossuet. O historiador, repito, encontra sempre, na imensa massa de fatos ocorridos, um número suficiente de eventos próprios para confirmar sua tese. Em todas essas histórias, falsas ou verdadeiras, imaginárias ou prováveis, pouco importa, tanto a mais racional quanto a mais eventual, aparecem e suscitam o mais vivo interesse dos personagens ditos providenciais, gênios, santos, heróis sublimes cuja existência dedicada encarna melhor do que outras a ideologia em curso. Variados, mas constantes, retornam os elementos da narrativa, algumas vezes carnalmente reunidos em homens e mulheres, canônicos por sua vez. De súbito, retomo ao mesmo tempo meu capítulo sobre as narrativas coletivas e a primeira de minhas variações. Os três que a seguiram se dirigiram para as ciências exatas, do lado quase divino

da necessidade; inclino-a agora para as mais suaves, mais humanas, na vertente da contingência.

Expulsos do paraíso, como Eva, os profetas escritores de Israel inventaram então, após ela, a história tal como a concebemos e a praticamos; sem dúvida, eles nos convenceram de que ela só começa com a escrita; sem intenção divina, sem contrato de aliança entre o povo hebreu e Iavé, sem a espera profética do Messias, enfim, sem intenção e sem finalidade, poderíamos ter escutado, na passagem dos tempos, outra coisa a não ser incoerência repleta de ruído e de furor, que só um idiota poderia contar? Para que uma voz possa emitir uma narrativa receptível por um ouvido humano, para que o tempo se desenvolva, enfim, para que exista história, não seria necessário, justamente, aliar de algum modo uma multiplicidade de circunstâncias granulosas sem ordem ou coerência, por um lado, a uma repetição qualquer cujo retorno asseguraria pelo menos a passagem da mensagem, ou no máximo sua existência e seu sentido? O grito, o dito, o escrito, a música dos profetas hebreus emitem esse apelo em retorno, essa constância, uma invariância que injeta ordem e aparência de paz na desordem inaudita de desentendimentos e rivalidades, violências e ciúmes. Do fundo das eras, o Ocidente não cessará de escutar, de receber e de transmitir essa lição, essa figura, essa mensagem, retransmitidas pela realização cristã. Certamente, ele herdou dos gregos o *logos*, palavra de proporção e de medida, oriunda das figuras da geometria, mas recebeu da Bíblia, em outras figuras, a palavra que ordena e concebe o tempo.

Obsoletas, as discussões contemporâneas acerca do vivente vêm da dificuldade que temos de inventar uma narrativa diversa daquela da história tal como nos foi legada pelos profetas, a conceber um tempo puramente contingente, isto é, privado da intenção que mantém juntos elementos esparsos. A questão retorna a isso: podemos pensar, sim ou não, uma repetição, uma regra... sem finalidade, no fundo sem antropomorfismo? As leis que reinam na Grande Narrativa, a das matemáticas, da física, da bioquímica... o conjunto de raciocínios que utilizo aqui, como a invariância por variações... pressupõem que ao eliminar essa dificuldade, concebendo portanto leis cuja flecha, mesmo que irreversível, se priva de toda intenção, das regras formais sem o antropomorfismo de um desígnio, tudo adquire uma clareza límpida e pacifica as batalhas numa síntese admirável.

Aqueles que viam Deus alimentar incessantemente um mesmo desígnio parecem-me difamar Sua inteligência; essa repetição teimosa, portanto sem informação, designaria antes uma compreensão medíocre. Previsível, um tolo repisa ao recusar ou truncar o frescor imprevisto cujo leque caracteriza o sagaz. A estupidez se caracteriza por uma previsibilidade cuja redundância se aproxima do instinto dos autômatos genéticos ou das leis da gravidade, ao passo que a intuição estala, suntuosamente improvável. Se Deus existe e pensa ou cria, imagino – vítima do mesmo antropomorfismo daqueles de quem rio –, imagino, volto a dizer, que, loucamente inteligente, Ele ama tudo semear de novo e de inesperado. O que pensar de uma onisciência redundante, o que esperar de um paraíso repetitivo? Toda essa louca proliferação das formas contingentes e imprevisíveis do vivente bifurcando de forma imprevista em sua tão louca proliferação no universo das formas inertes, mais a proliferação, ainda mais louca, de formas improváveis e contingentes do pensamento inovador, esse festim superabundante de multiplicidades desconcertantes, súbitas, inopinadas, induzem em mim uma alegria e uma plenitude tão próximas do divino que tenho primeiro a tendência a projetar nele esses atributos do que lhe conceder essa velha, dura e tola redundância. A alegria transbordante da inteligência irrompe da *omnitude* das novidades.

Voltemos ao tempo, munido com suas flechas, inventado pela Bíblia. Laicizadas, as leis que tentamos aplicar à história para lhe dar sentido fazem apenas, de fato, variar o projeto divino, tal como Bossuet, por exemplo, o retoma dos profetas, o repete e traduz em seu *Discours sur l'histoire universelle*. Individuais ou políticas, as ações humanas só podem ser compreendidas, diz ele, se e somente se forem movidas pelas mãos invisíveis de Deus.

Erudito e teólogo, Blaise Pascal corrige essa ideia aplicando-a ao progresso da razão. Ao descrever as gerações como montando sucessivamente nos ombros das precedentes, para ver mais longe a cada camada, ele traduz em claridade humana crescente a realização do projeto divino. Ele dá progresso aos homens cujos trabalhos tecem uma nova escada de Jacó.

Essa laicização não vai mais parar, ao deixar estável, sob diferentes aparências, a direção do projeto. O quadro que Condorcet, já citado, pinta dos progressos do espírito humano retraduz o sopro da inspiração bíblica na descoberta erudita. A série de invenções, nas ciências, tem um sentido, vai a algum lugar, pode ser considerada como dotada de intenção ou investida na felicidade humana? A questão ainda hoje nos importa. Ao trabalhar com o tempo, devolvendo-lhe uma coerência e um sentido, a razão pode assumir, depois das Luzes, o lugar do Deus criador; ela substitui assim o desígnio divino descrito pelos profetas. Nós produzimos a nós mesmos coletivamente.

Essa lei da razão variável, quer ela se chame de luta de classes ou invisível mão do mercado, retoma, à esquerda ou à direita, em Adam Smith ou em Marx, a ideia de uma regra necessária, aplicada repetitivamente a todas as circunstâncias aleatórias do tempo, para dar-lhe a consistência de uma narrativa ou de uma história. Uma vez escolhido o nome dessa providência de substituição, a multiplicidade do detalhe histórico basta amplamente, nós o vimos, para aí descobrir mil verificações de sua eficácia. Assim concebida, a história verifica sempre sua lei, mas nunca a falsifica; eis por que, boa ou má narrativa, ela nunca chegará a ser uma ciência. Em suma, trata-se de compor sem cessar uma *Lenda dos séculos* – como deverá ser lida sua duração? – para transformá-la numa narrativa dizível. E como definir uma lei da história a não ser como uma redundância injetada em tantas outras circunstâncias?

Entre esse deserto repetitivo, o preço da astúcia retorna à dialética de Hegel. O cruzamento do Mesmo com o Outro, encontrado tanto em Lucrécio, materialista, quanto em Platão, idealista, tanto nos astrônomos quanto nos teólogos, Hegel não o situa apenas, inicial, gigante ou minúsculo, como seus predecessores, na origem do mundo e de uma vez por todas, mas o detalha, trocado em miúdos, para reinstalá-lo aqui, lá, agora, por todos os lugares e tempos, ou melhor, o faz trabalhar localmente para produzir o tempo da história. A aliança do acaso, antítese da tese, do negativo, infelicidade e falsidade, com a necessidade, tese redundante, se faz *hic et nunc* sem cessar de se retomar, para tornar móveis esses aqui e agora. Em seguida, no sentido do cálculo infinitesimal, Hegel integra o conjunto desses cruzamentos, dessas oposições, desses avatares, dessas peças e movimentos locais, num quadro geral interminável. Teria ele lido Laplace, Lagrange e os mecanicistas franceses do século XVIII, em particular Poinsot, o autor de uma teoria dos binários, na qual duas forças se opõem num esquema simples e móvel, como no caso do filósofo, para explicar todos os movimentos locais, integrados até situá-los no centro do mundo, um binário universal que o move inteiramente? Local e global, o trabalho do negativo funciona no tempo como esse par no espaço.

Nessa sequência de traduções de um modelo inicial, poderei encontrar um princípio de solução para a questão posta mais acima? Sim: essa laicização progressiva do querigma profético apaga a presença divina por conservar dela apenas um desígnio, diversamente declinado: crescimento racional das Luzes, advento do reinado do espírito, sociedade sem classes, vitória do proletariado, regras do mercado... Pode-se colocar mais uma vez entre parênteses essa concepção expressa de uma finalidade, para dela reter, no fim das contas, uma integração ampla e maleável das contingências? Pode-se se apoiar, por assim pensar, nos fenômenos caóticos, de cuja necessidade sabemos, quando os consideramos atrasados e como que passados, mas dos quais conhecemos, da mesma forma, a imprevisibilidade futura e avançada?

Em outras palavras: o profeta anuncia Deus transcendente e necessário, desenha Seu desígnio, chora o acaso do detalhe contingente e deplora o Mal a ser combatido, sobre o qual o desígnio divino deve triunfar. Conservando apenas, para a primeira filtragem, a parte imanente dessa herança, os filósofos da história dos quais acabo de falar, assim batizados por Voltaire no seu *Ensaio sobre os costumes*, desenham, por sua vez, um desígnio, mas humano e coletivo, enunciando assim uma lei necessária, que ajuda a combater o acaso, o erro e o Mal. Numa nova filtragem, conservamos somente, da nossa parte, uma necessidade dessa última herança, relida na direção da nascente, ligada à contingência improvável, ilegível na direção da foz; conservamos apenas as irrupções múltiplas dessas narrativas contingentes. Enfim, não cessamos nunca de colocar, pateticamente, a questão do Mal.

Sexta variação: antropologia das religiões
Admiro os múltiplos avatares de um modelo que não cessa de reaparecer e que aqui está de volta agora,

não mais atirado através do mundo, no cerne do vivente ou lançado como motor do tempo e da história, mas trabalhando no segredo do peito, dos nossos desejos e dos ódios humanos, no sagrado das culturas e na piedade das religiões, no subjetivo das consciências e no coletivo dos grupos, a propósito, justamente, da questão do Mal.

De onde provém sua violência?, pergunta René Girard. Da imitação, diz ele. Portanto, mais uma vez: da repetição, da redundância, do mesmo. Por que mulheres e homens seguem tal moda em vestuário ou intelectual? Por que a obediência voluntária fundamenta poderes? Por que ficamos prosternados diante das grandezas estabelecidas? Antropológico e trágico, o modelo de René Girard nos convida a descobrir, inicialmente, a primeira coesão cuja aderência responde por boa parte dos laços sociais e pessoais: essa imitação, cujos gestos e condutas, palavras, pensamentos nos aproximam dos nossos primos macacos, chimpanzés ou bonobos, sobre os quais, *Aristoteles dixit*, levamos a melhor no quesito imitação.

Da imitação decorrem nossos desejos. Esse ama a amante de seu amigo ou o amigo de sua amante; essa outra inveja o lugar de seu vizinho mais próximo. O estado de iguais cria uma rivalidade que, em troca, nos transforma em gêmeos, reacendendo ao mesmo tempo o ódio e a atração. Toda a paisagem dos sentimentos violentos, das emoções de base, diversos e coloridos em aparência, irrompe dessa gemelaridade uniforme. Desejamos o mesmo, o desejo nos faz mesmos, o mesmo faz o desejo, que se reproduz, monótono, no mapa duplo da Ternura e do Ódio. Imitamos, reproduzimos, repetimos. A replicação difunde o desejo individual e as culturas coletivas da mesma forma que os genes do DNA reproduzem e diferenciam a vida.

Eis um dos grandes segredos da cultura, especialmente dessa que vivemos, porque nossas grandes revoluções — trabalho na pedra no paleolítico, escrita na Antiguidade, imprensa no Renascimento, linha de montagem na indústria há séculos, novas tecnologias mais recentemente — inventaram todas as codificações cuja superabundância invasiva caracteriza nossa sociedade de comunicação e de publicidade. Esses replicadores, cuja similitude excita e reproduz o mimetismo dos nossos desejos, parecem imitar, por sua vez, o processo de reprodução do DNA vivente.

Eis o perigo maior que nossos filhos correm: nós os mergulhamos num universo de códigos replicados, nós os esmagamos com redundância. Eis a crise de sua educação: baseada na imitação, a aprendizagem os ensina a se tornarem singularidades inimitáveis. Tonitruantes, as mídias, a publicidade, o comércio, os jogos, repetem, ao contrário: imitem-me, tornem-se veículos automáticos da repetição de nossas marcas, para que seus gestos repetidos multipliquem na repetição nossos êxitos comerciais. Tímida, quase sem voz em face desses potentados, a educação segreda: não imitem ninguém, a não ser vocês próprios, tornem-se sua liberdade. Tornando-se pedagógica, nossa sociedade fez da educação uma contradição. Eis, por fim, a crise da criação: num universo de replicadores, de modas e de códigos reprodutores, e em breve de clones, a obra inimitável permanece oculta até a fundação de um novo mundo. Nesse mimetismo, a cultura humana amplifica ou generaliza um dos segredos da vida, ela própria sempre replicada. Enquanto não temos palavras em nossas línguas para dizer um objeto, uma forma, uma conduta humana ou mesmo uma palavra... dotadas, além de sua utilidade, do seu sentido, de sua beleza, dotados, além disso, digo, do poder de se replicar, não paramos de fabricá-lo, de concebê-los, de propagá-los. Como não temos essa palavra, é preciso inventá-la. Outrora, e em todas as suas nuances, Platão construiu a palavra ideia; há uma ideia de um objeto, de uma forma, de qualquer coisa. Todas as camas do mundo, diz o filósofo, imitam e ideia de Cama; todos os círculos do mundo imitam a ideia de Círculo; melhor ainda, ele não o diz, mas eu o repito, todas as camas e todos os círculos do mundo se imitam ou se repetem entre si. Ora, formulada à maneira de Platão, a ideia exprime tudo, exceto o estranho motor que a faz se reproduzir para produzir todas as camas ou todos os círculos do mundo. Ela esculpe o ídolo sem revelar seu poder de replicação.

Por que não dizer *idème*? Muitos autores, hoje, sobretudo os de língua inglesa, em referência ao DNA e seu poder egoísta de replicação, propõem a construção de uma ciência *mimética*, perdendo assim a esperança, segundo dizem, de descobrir um *mème* para fotografá-lo. Certamente, eles jamais conseguirão, já que se trata, desde os platônicos, de um operador universal, teórico e ao mesmo tempo aplicado, de um modelo e de uma imagem, isto é, de uma ideia. Chamemos a isso de *idème*, palavra formada a partir de uma ideia, de fato, mas também a partir da desinência de um teorema ou de um fonema; além disso, pelo parentesco com o *idem* latino, ela revela o estranho dinamismo de replicação que constitui todo o segredo de sua propagação. Tão repetida desde então, comentada, criticada, louvada ou ridicularizada, tornada mesmo tão comum, a ideia de Platão já deveria ter sido nomeada como *idème*. Ela apresentaria então dois componentes: seu sentido, seu conteúdo, sua densidade e mesmo sua beleza, seu caráter inimitável, sua universalidade mesmo, por um lado; por outro lado, sua potência motora de propagação, seu caráter imitável, logo sua universalidade, que faz a ponte entre o inimitável e o imitável. Mergulhados numa cultura *idemalista*, temos muita dificuldade em discernir, num *idème* atualmente produzido ou enunciado, sua pureza singular por sua ávida capacidade, por vezes devastadora, de invasão do espaço e do tempo.

Novamente, de onde vêm a violência e o Mal? Da imitação, do mesmo, de novo. O mesmo chove nos campos do desejo, do dinheiro, da potência e da glória, pouco de amor; chove imitação, mesmos ou *idèmes*, como outrora choviam, no vazio, átomos, palavras ou letras para a fundação do mundo. Ora, quando todos desejam o mesmo, acende-se a guerra de todos contra todos. Não temos nada ainda a contar, a não ser essa inveja raivosa do mesmo que transforma duplas e gêmeos em irmãos inimigos. Quase divinamente performativa, a inveja produz, diante dela, indefinidamente, suas próprias imagens, à sua semelhança. Os três Horácios se assemelham com os triplos Curiácios; os Montéquios imitam os Capuletos; São Jorge e São Miguel mimetizam o dragão; o eixo do Bem atua simetricamente, de acordo com a imagem, dificilmente invertida, ao eixo do Mal. Assim generalizada, cobrindo todo o espaço mediante a imitação, o conflito se arrisca a suprimir até o último de todos os guerreiros. Apavorados com essa possível erradicação do espaço por ele mesmo, todos os beligerantes se viram, nessa crise, contra um único. Humanos em massa matam o humano único, num gesto ainda mais repetido porque os assassinos não sabem o que fazem.

Então, mas só então, começa a narrativa: aquela contada ao mesmo tempo pelo Livro dos Juízes (11: 34-40) ou pela tragédia grega e que eu enfim posso relatar. Se ganho essa guerra, suplica Jefté, general dos exércitos, oferecerei ao Senhor em holocausto a primeira pessoa que encontrar. Se os ventos se erguem mais uma vez para virar minhas velas na direção de Troia, reza Agamenon, almirante da frota, eu sacrificarei, no altar de Netuno, o primeiro que vier a mim. Uma boa brisa infla o velame das naves de guerra gregas, e esse pai, rei dos reis, vê vindo em sua direção sua própria filha Ifigênia. O exército judeu esmaga os filhos de Amon e, ao dançar e tocar os tamborins para festejar sua vitória, sai de sua casa, em Mispá, a própria filha de Jefté, correndo alegremente com o pai triunfante, mas rasgando suas vestes. A vida, o tempo, as circunstâncias e a história sorteiam ao acaso essas primeiras vítimas. Os filhos e filhas, sempre as crianças. A vítima da violência parece puxar a palha mais curta, mas, sempre, o destino parece recair sobre o mais jovem, o grumete, velando assim o segredo da guerra: o assassinato da descendência, cuja organização, por esses pais ignóbeis, se oculta sob o imponderável.

Nas sombrias planícies das batalhas e das disputas de mesmos contra mesmos, com ambos desejando o mesmo, sem novidades, portanto sem informação, eleva-se então até o céu a mais improvável das mensagens, cúmulo da crueldade. Os pais se tornam os piores, no decorrer das narrativas em que o mesmo, necessário, cruza com a morte, ao acaso; mal que aparece da mesma maneira na desobediência de Eva em meio ao performativo redundante; no *clinamen* de Lucrécio na chuva paralela dos átomos; na falsificação da experiência contra a repetição das leis; na mutação através da replicação; na improbabilidade das circunstâncias históricas num domínio qualquer, mesmo o dito invisível. Antropológico e trágico, o modelo de René Girard varia, mais uma vez, na invariância recente: a narrativa torna-se possível mediante a intervenção do acaso entre a necessidade.

Sétima variação: a literatura
Leio as aventuras de Ulisses sobre o mar divino... Ao chegar neste canto, ainda ignoro se ele naufragará ou se encontrará Ítaca e sua mulher. Tenho pressa de conhecer os amores de Jacques, fatalistas e contingentes, os tristes de Madame Bovary... o nome do assassino. O primeiro

elemento, a lei universal, o autor dessas narrativas o tem em mãos, como onisciência ou como saber absoluto, ao passo que, leitor, passo às cegas de episódios em peripécias. Mesmo quando ele pretende ignorar, o narrador sabe; o ouvinte viaja ao fim de sua noite. O primeiro condescende algumas vezes em repartir suas luzes com o segundo, apresentando-lhe de imediato o ministro de finanças do rei como o próprio irmão desses miseráveis esfaimados, vindos de longe, ao Egito, em busca de grãos para subsistir, mas então as próprias personagens permanecem na ignorância. Uma transcendência necessária vê; a imanência incoerente vive diante de um véu. A tensão da narrativa entre esses dois polos, entre esses dois papéis, cego e vidente, acaso e necessidade, onde quer que se situem, arranjem um rasgo, um poço de visita, uma entrada, um olhar, cujo clarão se assemelha com a aurora do conhecimento. O apetite pelo saber passa, tenso, por essa abertura, construída entre luz e trevas, cuja cintilação, cujas ocultações e cujo brilho guiam como um farol nossa errância e seus erros.

A narrativa não apenas constitui o *eu* e o *nós*, como institui jogos sutis, tão apaixonantes e tão sérios quanto os do esconde-esconde ou da cabra-cega, por onde começa o conhecimento. A paixão universal das mulheres e dos homens pelos contos, a das crianças à noite pelas histórias de encantamento e de fadas, a de seus pais, tomados pelo suspense, a de uma assembleia em face de um declamador hábil, um orador eloquente, uma peça de teatro, uma tela de cinema... e eis que desperta uma curiosidade tão ardorosa quanto aguda. Longe de desprezá-la, o primeiro capítulo de um tratado de ciências cognitivas deveria tratar da literatura como armadilha epistemológica: falsa ou verdadeira, repito-o, imaginária ou real, sábia ou louca, pouco importa, a narrativa dá à luz, através dessa abertura, ao apetite humano pela cognição. O autor joga como num jogo; o leitor goza, no sentido de prazer; a narrativa introduz um jogo, no sentido mecânico, entre a onisciência e os tateamentos. Juntos, eles mimetizam o estado real do saber exato. Mate a literatura, sua tradição sociocultural não produzirá mais, a termo, nem eruditos nem ciência.

Vamos reconsiderá-la, retomando o duplo fio do acaso e da necessidade. O desenvolvimento de uma epopeia antiga, de uma tragédia grega, renascente ou clássica, arrasta personagens, *volens nolens, invitus invitam*, em direção a um destino da mesma forma fatal, apesar de tudo e de todos. Aquiles, Hipólito ou Fedra e o rei Lear correm às cegas para uma morte que, apesar de temida, estamos mais aptos do que eles a adivinhá-la. Como sempre, uma continuidade mais clara e por vezes necessária agrega mil eventos de um grupo ou de uma vida, ambíguos, ceguetas, heroicos. Da mesma forma, as confissões íntimas das autobiografias indicam uma linha, assinalando pelo menos uma identidade daquele ou daquela que se confessa, e cuja direção dá sentido e coerência às circunstâncias contadas, aos obstáculos encontrados, às emoções esparsas, aos afetos por vezes contraditórios. Epopeia, história, fenomenologia do espírito, lenda dos séculos, romance de amor, de capa e espada ou de polícia, ação teatral, roteiro de filme, representação em todos os tipos de mídias... que gênero poderia se privar dessa tensão, destinal e cognitiva, entre um fio condutor estendido quase que necessariamente, num movimento propulsado pelo vento a favor, e cem pedregulhos de encontro ao acaso, sobre os quais tropeçar... poderia faltar essa aplicação, mais ou menos exitosa, dessa tangência disso naquilo, ou daquilo nisso? Multiplicidades circunstanciais, por vezes de sentidos opostos, se orientam juntas, confortavelmente ou com dificuldade, de acordo com essa ou aquela atração. Não há informação sem canal; não há mensagem em canal único. Senão, a multiplicidade pura dos grãos se espalharia num caos crepitante como um ruído de fundo ou numa violência desregrada; ou, inversamente, a repetição pura e simples, uniforme e estéril, cansaria, adormeceria, perderia então todo o sentido pela unicidade em si da direção, ou se desenvolveria numa violência uniforme e sem obstáculo. O suspense se liga ao ponto de tangência da contingência, bem nomeado de necessidade.

Mal, retomada

Daí o uso do Mal que dilacera certamente a unidade formal. Como não se surpreender com o fato de que os bons sentimentos ou as histórias edificantes façam de si narrativas ruins, entediantes, estúpidas, até mesmo involuntariamente cômicas? A razão se encontra no equilíbrio dos dois elementos que formam a mensagem. A Bíblia situa o conhecimento do Mal no princípio da história. Mas, tudo considerado, toda narrativa exige um desligamento da repetição, exige não apenas circunstâncias contingentes, mas principalmente algum acontecimento próprio a romper a monotonia da necessidade, que quebre o reinado de sua lei. Subitamente, lamento por me repetir. Retomo, infelizmente: não há narrativa sem redundância, de fato, não há mensagem sem canal, mas também não há narrativa sem ruptura dessa mesma repetição. Que Deus fale e as coisas apareçam, certamente. Mas o primeiro capítulo do Gênesis não poderia durar. Para além de uma semana, continuo a me repetir, ele não daria mais nenhuma informação. Não se escandalize que a criação bíblica estrague sua tarefa tão rápido! Nesse ritmo redundante, sua narrativa se esgota velozmente, apenas repetindo indefinidamente o performativo da palavra divina: *fiat, fiat...* de fato um canal excelente, mas um canal rapidamente vazio. Em comparação, a Grande Narrativa dura bilhões de anos porque, pelo menos em seu início, sua mensagem se satura com leis diferentes a cada milésimo de segundo. A raridade aqui pulula; lá reina a repetição salmodiada. Ora, eis que a palavra, onisciente de redundância, vai perder, subitamente, seu poder soberano: uma mulher se ergue e contorna a proibição. Sim, para que toda narrativa principie, é preciso que uma informação rara entre em seu canal, que uma singularidade rompa sua generalidade. Havia apenas uma lei; um mínimo grão partiu sua linha. Uma vez que é necessário, para que nossa história principie, que uma contingência rompa o reinado da necessidade, o desvio de Eva, antilei, contra-necessidade... se torna então um elemento dificilmente evitável em sua economia. Ainda melhor e mais justamente, trata-se, diante da serpente e de sua macieira, do princípio do conhecimento. Vejo aí a bifurcação primitiva que a teoria da narrativa torna, com efeito, inevitável. Desobediência se torna um ingrediente maior de toda narrativa, assim como um despertar do saber.

Como vimos, o Mal tem na narrativa um papel paralelo à falsificação na experiência científica. A mecânica celeste, a física matemática, a astro- e a geofísica, a termodinâmica, a bioquímica... procedem de forma diversa, quero dizer, de acordo com outras regras? Elas não aplicam essas ou aquelas leis necessárias, matematicamente formuladas, a experiências deste mundo, elas mesmas ligadas às singularidades do tempo, do espaço, dos movimentos e das forças... tais como a existência contingente dos homens e das coisas o mostram? Nenhuma ciência se privaria dessa tensão entre o fio condutor que segue um desenvolvimento necessário e mil grãos de estados de coisas aleatórias, sem uma aplicação, exata ou precisa, daquele, matemático, naquilo, experimental. Múltiplos fenômenos se uniram de acordo com essas ou aquelas equações formais, sucessivamente escritas por Galileu, Newton, Dirac ou Schrödinger... Não há conhecimento do mundo sem essas leis-canais, mas não há ciência exata, da mesma forma, sem a múltipla coleção de mensagens de suas falsificações concretas. Reencontramos, nas ciências, a ruptura da lei, o fato que situa um grão ou um espinho no canal plano. Sem esse falso, não há ciência verdadeira. A falsificação abre o segundo capítulo da ciência, o da contingência, como a desobediência de Eva abre o segundo capítulo do Gênesis, o da história. E, apesar da distância dessas duas zonas culturais, pelas mesmas razões.

Últimas variações e margens extremas do espectro

Eis então desenvolvido o espectro anunciado. Numa de suas margens extremas, mesmo as matemáticas mostram uma rigorosa luta entre o logicismo ou o formalismo e uma proliferação abundante e refinada de "existentes" duros, resistentes, inesperados e perfeitamente "reais": a história de sua linguagem fervilha, com efeito, de palavras que exprimem esses encontros inquietantes de "coisas" que se curvam com dificuldade às leis precedentes: irracionais, imaginárias... como se essa história devesse incessantemente adaptar sua linha a severas falsificações das quais ela não sabe de imediato se desviar. Ela não sabe ainda nem mesmo como se distribuem os números primos na sequência uniforme dos inteiros. As matemáticas encontram diante de si demasiados "existentes" desse gênero para consentir em reduzir sua disciplina a um puro canal ou ao princípio de identidade, e mesmo à ideia absurda de que se trataria, nesse caso, apenas de convenções tranquilamente inventadas por nossa experiência ou nossas ideias. Permaneço "realista" porque pratiquei as matemáticas.

Inversamente e no outro extremo do espectro, no vivente, nem os indivíduos, nem as espécies, nem seu ambiente se repetem, as ciências biológicas procuram minimizar as leis – dir-se-ia que elas têm medo delas

— maximizando as circunstâncias e a contingência. Exceto que, desde algumas décadas, a combinatória dos genes repete, justamente, elementos do código genético em número insuficiente para de novo apontar para a universalidade.

Práticas como as da medicina e do direito procedem de forma diversa? Como paciente, quantas vezes não notei, como numa reciprocidade de exame, a dupla face daquele que me observava para cuidar de mim, cujos dois primeiros olhos contemplavam com atenção bastante interior seu saber acerca da doença, ao passo que os outros dois perscrutavam com acuidade minha singularidade de doente? Um olhar para o necessário, outro para o contingente. Quantas vezes, viajante no Ocidente, não constatei a tensão, moderna e contemporânea, entre as nações do direito dito anglo-saxão cuja jurisprudência, quase indutiva, evoluída caso a caso, e o país de direito romano, cuja jurisprudência decorre, quase dedutivamente, de princípios anteriormente postos: essa aqui seria mais estável e necessária, aquela, mais móvel e contingente? Para depreciá-la, uma fala da rigidez da outra, e a outra fala de seu cinismo; ao contrário, louva-se a fidelidade da segunda e a adaptabilidade da primeira. Permanece que, nas duas práticas do corpo doloroso e do corpo contratual, se encontram os dois mesmos elementos, circunstâncias flutuantes e canal fácil.

Sem dúvida que certa lógica formal baseada no princípio de identidade, $a \equiv a$, sem dúvida que certa ontologia, repetindo loucamente a essência do Ser ou a existência dos entes... elas poderiam passar por canais puros, infinitamente tênues, mensagens, sublimes de vazio, de uma linguagem humana tão privada de informação quanto a teologia apofática, repetindo da mesma forma tão loucamente o que Deus não é; sem dúvida, secretamente, é possível encontrar bobagens nesses discursos, incoerência das palavras de um idiota, repletas de ruídos e de furor, sem dúvida, o burburinho oriundo das cidades, dos grupos, das trovoadas, dos sismos e do mar podem passar pelo conteúdo, saturado de *nonsense*, de ausência de mensagem.

Narrativas ditas literárias – e mesmo religiosas, médicas ou jurídicas – ou ciências ditas exatas, mesmo combate? Em ambos os casos, trata-se de ligar, com maior ou menor harmonia ou êxito, o *teinó* e o *temnó* do tempo, a extensão contínua e os cortes granulares. O fio condutor de uma história heroica ou de uma confissão íntima, a vocação, pretensa ou não, de um povo ou de uma mulher, a fatalidade de um destino, os amores irresistíveis, as separações dilacerantes, as vinganças impiedosas... seguem uma linha que atrai, como um campo de força, circunstâncias esparsas e eventos ao acaso sem outro laço que não seja esta. Mas essa tensão entre o contínuo do fio e a descontinuidade dos estados das coisas nós a reencontramos, quase tal e qual, quando aplicamos as leis rigorosas da lógica ou das matemáticas aos estados de coisas dispersos no detalhe luxuoso do mundo. Eis o espectro enciclopédico anunciado, cujo leque reúne, pela primeira vez, ciências exatas e narrativas literárias, sempre divorciadas em função de culpas recíprocas.

A teoria da informação interpretava, então, esse estado de fato, afirmando que a lei, que a unidade necessária, que a redundância comum – fortes ou fracas, as forças, por exemplo, se repetem por toda parte no universo – formam como que um canal de uma mensagem, ao passo que as multiplicidades, inesperadas e raras, de um mundo frenético como uma cornucópia de abundância constituem seu conteúdo. Parece-me que a cultura ocidental oscila com frequência entre o Platão das formas matemáticas e o Aristóteles das substâncias individuais, entre o Descartes das cadeias bem mais simples e fáceis da geometria e o Leibniz múltiplo das mônadas infinitas. Eu mesmo, irresistivelmente atraído, no início de minha vida, pelo formalismo inebriante das matemáticas, acabei em meio ao gozo indefinido das paisagens e das narrativas do saber e do universo, do homem como espécie e como indivíduo. Se amei a pureza dos canais simples, hoje me deleito diante da superabundância luxuosa do detalhe. Terei passado minha vida nessa errância maravilhada: atravessando o espectro que acabo de esboçar.

Assim, a Narrativa recebe um novo estatuto, um valor ou uma dignidade cognitivas. A demonstração rigorosa alinha equações e constrói sistemas; as ciências exatas descrevem pontos de tangência entre teorias e experiências em narrativas. Da cosmologia que segue a evolução do Universo ao evolucionismo que relata a descendência das espécies e dos homens, todas essas ciências contam. A Narrativa se torna um modo canônico do saber. Por fim, a Grande Narrativa integra todo o espectro assim desenvolvido.

Nova originalidade da Grande Narrativa
Mas ela o ultrapassa. Doravante, posso compreender e fazer ver, relativamente à síntese do saber tradicional, sempre ligado a um tipo de aliança entre acaso e necessidade, podemos enfim realizar, digo, a surpreendente novidade da Grande Narrativa, cujo desenvolvimento reverte a distinção que preside a aliança, cuja variação permite atravessar continuamente esse espectro. Se, por toda parte, as contingências se submetem, em maior ou menor grau, a uma necessidade, inversamente, na

Grande Narrativa, as necessidades têm o papel de circunstância e se encadeiam de forma contingente.

O que acontece, com efeito, ao longo dessa epopeia global? Em cada bifurcação, uma lei, nova e imprevisível, se enxerta nas precedentes. Ela continua a ser ou se torna uma lei, mas numa forma ramificada. Ela continua a ser ou se torna necessária, mas se anuncia e se prepara como contingente. No caso de todas as outras narrativas, uma circunstância imprevista, um acaso... abrem um novo ramo, trazem o novo e o raro, isto é, a informação, e vão lutar para aceitar ou recusar a obediência à lei comum, pelo menos para minorá-la, no máximo para transformá-la. Aqui, ao contrário, uma lei, muitas vezes rigorosa, tem um papel imprevisível, trazendo a informação rara e criando novo ramo. Mesmo o Universo parece começar contingentemente pelo Big Bang, e só encontra leis rigorosas depois da bifurcação da barreira de Plank; os seres unicelulares propagam regras da vida no planeta inerte e azul, então enverdecido; o *Homo sapiens* a submete à sua regra... Redistribuindo, à sua maneira, a classificação das ciências, a Grande Narrativa faz dela um contínuo Gênesis. Elas deixam o papel de canal para assumir o de conteúdo de informação.

Como isso pôde ter acontecido? Não sei, mas posso arriscar uma hipótese. Pelo menos desde Galileu, sabemos que a mudança de escala impõe, no espaço, transformações inesperadas. Certamente, é preciso ferro e cimento, e não apenas papel para manter um edifício de alguns andares, ao passo que sua maquete se basta de cartolina; mas precisamente as leis quânticas do microcosmo diferem daquelas que regram o mundo sensível, em dimensões humanas e astronômicas. Às variações quantitativas nas dimensões da extensão correspondem mudanças drásticas de natureza e de qualidade, mesmo das leis universais diversas. Em grande escala, eis uma órbita ou a harmonia das linhas de um mapa; em pequena escala, eis os movimentos brownianos, os saltos quânticos, o fractal e o ruído branco; a escala estatística determina a lei dos grandes números; no detalhe, dominam o imprevisível e o rumor. Será preciso que na escala imensa da Grande Narrativa a própria linha e a própria lei sejam tiradas ao acaso?

Será necessário que semelhantes transformações se imponham quando passamos de alguns milênios para os bilhões de anos que a Grande Narrativa desenvolve? Como regular toda a sua duração de acordo com o modelo das leis oriundas de um tempo tão minúsculo quanto o da história: sete mil anos comparados a milhões, e com uma percentagem de informação tão frágil quanto a de algumas línguas humanas escritas? Essa mudança de escala, concernindo, não mais ao espaço, mas ao tempo, isso mudaria a necessidade em contingência? O que parece necessário em curto prazo torna-se contingente numa duração interminável? As leis darwinianas, por exemplo, duram há três bilhões e oitocentos milhões de anos; elas entram em cena, se me é permitido dizer, desde a aurora do vivente, mas continuavam imprevisíveis e inesperadas num universo em que reinava apenas as trocas de energia, física ou química: compatíveis entre si, mas não dedutíveis uma da outra. Por mais duras que se apresentem hoje, quando novas elas advieram contingentemente. Certa ordem de razão quer que a necessidade supere a contingência; descobrimos, e eis, sem dúvida, a novidade, que a contingência pode ocorrer, ainda que frágil, apesar da onipotência esmagadora e redundante da necessidade.

Retorno ao subjetivo
A essa nova descoberta, do lado da razão, acrescenta-se outro regozijo, leve e secreto, do lado da existência e de minha alegria. O mar grego ao largo de Patmos; o imenso oceano de alto-mar entre Galápagos e as Marquesas; as geleiras da Groenlândia, nas zonas mais cálidas onde elas se desagregam; o Madabland, cimo cilíndrico do Himalaia, guardião do Everest; o fim dos cumes dos Andes, nos arredores da Patagônia; essa aurora boreal no Canadá; certa paisagem da França,

verde na região de Creuse, seca na Gasconha, rochosa na Bretanha, vertical nas muralhas dos Alpes... não me deram de fato a intensa alegria de sua beleza porque podiam ser deduzidas dos princípios da geofísica, da ótica, do eletromagnetismo ou da termodinâmica; no entanto, deduziram-se deles! Porém, essa necessidade se metamorfoseava subitamente, diante de mim, numa contingência inimitável, cuja radiação singular iluminava aquele momento presente. Não amo você simplesmente porque obedeço às leis do gênero sexual – apesar de me submeter a elas –, mas porque, numa circunstância rara, eu a encontrei, você, inimitável. Empurrada por uma vocação irresistível, a minha vida se compõe de uma soma contingente de encontros ao acaso, comportando, por vezes, pontos de tangência com a eternidade. O êxtase não advirá do fato de que esse aqui e agora frágil e fluente se transforma em necessário, ou então, por uma reviravolta igualmente milagrosa, pelo fato de que tal regra implacável e redundante sofra uma mutação que a transforma num cotidiano imediato e raro? A fatalidade em liberdade? Dir-se-ia que essas duas categorias da modalidade tremem ao mesmo tempo que meu corpo e minha alma, um se transforma noutra, e reciprocamente, numa velocidade resplandecente.

Numa vibração semelhante, você reconhecerá a obra de arte verdadeira: cores e formas contingentes entre as mãos fortuitas de Manet ou de Soulages; língua vernacular sob as plumas de Racine ou de Céline; sonoridades simples de Couperin ou de Fauré; mármore banal sob o cinzel de Houdon... todos se tornaram subitamente — milagrosamente — tão necessários quanto as constelações do céu. Nós, demais trabalhadores da beleza, temos apenas o sonho louco de transformar com a vara de condão da nossa técnica frágil nosso trabalho cotidiano, tão comum quanto a hora que passa, numa obra necessária. Existe, denso, o nada! Se, portanto, sei por experiência a que ponto essa improvável esperança envolve o tempo de minha existência, quanto estremeço de alegria ao ver, ao fim dos meus dias e como que ao contrário, todo o Universo, conhecido tanto por mim quanto por outros por sua implacável necessidade, se pôr a cantar por si só sua metamorfose em paisagem contingente, escorrendo no tempo com sua rara beleza. Eis minha última mensagem.

Ou então esta. A beleza inebriante da aventura vital, humana e mundial, não vem do fato de que nunca sabemos se o que pensamos, fazemos, esperamos ou sentimos, aqui, agora, ou mesmo por tanto tempo... se atêm à contingência ou à necessidade; se, banais ou decisivos, nossos atos e pensamentos nos comprometem, e ao mundo e aos outros, ou não têm qualquer peso ou pertinência? Eis, certamente, algumas paisagens, obras e aventuras cujo acaso iluminou meus dias; mas eis principalmente pessoas que, pela mesma metamorfose, me conduziram ao terceiro céu. Tal como o êxtase da beleza, o transporte do amor transforma a lei em acontecimento, e o acontecimento em lei. Contingência e necessidade se transformam uma em outra, numa vibração que nos faz estremecer de angústia e de alegria.

Tal como surjo de uma narrativa tímida; tal como em virtude de uma história curta e mentirosa quase morremos; tal como dessa Grande Narrativa, desse imenso caduceu onde se entrelaçam a contingência e a necessidade, finalmente, o homem e seu humanismo nascem hoje.

Subjetivo, coletivo, portanto relativo
Comecei pela Grécia, pelas matemáticas e pela metafísica. Dedutivo, demonstrativo, formal, esse pensamento declarativo encontra, diante de si e em sua própria zona de validade, o passo a passo dos algoritmos. Nesse cruzamento, que os computadores e a bioquímica revivificam hoje, desviei do global para o pormenor local, do esquema para a paisagem, da figura para o preenchimento, do necessário para o contingente. Assim, realizei minha peregrinação para leste, de Atenas a Jerusalém, do *logos* ao *muthos*, de Euclides à Bíblia, de Platão aos

Evangelhos, enfim, do universal cognitivo do ser e do conceito ao universal humano, subjetivo e coletivo, da narrativa. Mas essa viagem tinha começado com Lucrécio e *Roma*.

Desde os latinos antigos até os cristãos modernos, a Cidade Eterna não parou de trabalhar na síntese entre as histórias e as formas. Roma reúne Atenas e Jerusalém. Da mesma maneira que Cícero ou Lucrécio traduziram os filósofos gregos numa língua mais apta a contar as narrativas à maneira de Tito Lívio, São Tomás de Aquino uniu razão e tradição, demonstração e jurisprudência; Descartes põe em cena suas *Meditações*; a era das Luzes associa a *Enciclopédia* a *Jacques* e às *Confissões*. A literatura assombra a dedução.

De formação matemática, acabo de contar narrativas. Sem elas, a razão não basta; e sem razão, a narrativa de nada vale. Uma dá à outra o peso da verdade, a outra dá a todos o acesso. O enxerto que as une se universaliza sem subjugar. Pedagógica e cognitiva, a ponte entre as ciências puras e a literatura se amplia até exprimir, aqui, a catolicidade semito-indo-europeia do Ocidente. Eis minha maneira oblíqua de ter acesso à Grande Narrativa. Não afirmo aqui que se possa chegar à sua universalidade a não ser por esses caminhos; só os desvelo para confessar sua relatividade. Assim, esse livro se estende desde minha humilde errância à minha relativa pertença, e desta à *omnitude* esperada. Convido meus amigos de outras culturas a traçar seu próprio caminho em direção a ela, marcando, nesta manhã, o encontro entre todos.

Não nos reconhecemos mais nas diversas ampliações de nossas coletividades nacionais ou linguísticas em culturas ou em civilizações. Nosso tempo de hominescência coloca questões e constrói objetos tais que o homem que ele anuncia não une mais o hoje a histórias, brevíssimas, dispersas, mas sim à Grande Narrativa comum. Nós a havíamos deixado há pouco, agora a retomamos.

TRÊS NARRATIVAS DE HOMINIZAÇÃO

Bíblia: versão hebraica
No princípio, contei como, pelo menos três vezes, os grupos humanos se separaram. Retorno ao meu início. Invento de novo: um conto, se você quiser, um mito, uma história, um conhecimento verdadeiro, seguramente uma narrativa. Ei-la aqui. Entre os abomináveis piratas e bravos aventureiros que saíram da África e se abandonaram uns aos outros, alegremente, porém com lágrimas e soluços na garganta, uma pequena equipe, talvez mesmo um só casal, ao final de uma errância da qual eu nunca saberei a duração, alcançou, por sorte, o leste do Éden, não distante do golfo Pérsico, numa ilhota, entre dois rios, sem predadores.

Essa ambiência pode se apresentar de forma contingente. Conheci, no rio Garona, uma ilha paradisíaca, de onde não se via nada além do céu; herborista no lago de Bienne, Jean-Jacques descreve algo muito parecido; bem recentemente, prisioneiros que foram abandonados na ilha colonizaram, então vazia, a ilha desde então chamada Reunião; assim, quase três séculos depois, uma sinfonia ensurdecedora de pássaros voando aos milhares de espécies, de colorido ofuscante de tão luxuoso, alguns de carne deliciosa, recebeu os primeiros maoris numa Nova Zelândia deserta... o que Júlio Verne e Robinson contam são apenas futilidades. Disseminados sob todas as latitudes, podemos descobrir isolados felizes. Repito então uma história, generalizando-a, uma história, invariante em suas variações, que pode ter acontecido a qualquer grupo errante pelo mundo, parado em sua vizinhança ou viajando pela imensidão.

Então, ao chegar aqui, num ninho entre dois braços, Eufrates ou Ganges, Orinoco ou Congo... o casal antes mencionado não encontrou nem crocodilos nem tigres dentes-de-sabre, nem insetos perigosos nem germes mortais, um clima clemente, árvores frutíferas em abundância, fontes não poluídas, caça que se deixava apreender. Vamos parar, disseram eles. Como a esperança de vida cresce com a vida oportuna, eles se entregaram às delícias inocentes do amor e da linguagem, nomearam as feras e as plantas, adoraram, conheceram um pouco.

O que se passou nesse paraíso de encontro, que não deixava nada a desejar? A origem suave de uma duração? Entre as árvores com bons frutos para comer, o Gênesis diz que uma mulher, Eva, uma entre seus caçadores-colhedores, cuja existência nós conhecemos hoje e cuja errância eu acabo de seguir, decaiu. Como? Creio, por minha vez, que, genial, ela vislumbrou as leis que regem a vida; a vida, quero dizer, a flora e a fauna, plantas e animais, a serpente e a macieira. Da qual ela adivinhou a crueldade. Da qual ela quis se afastar. Que ela viu que, entretanto, nunca poderíamos fazê-lo. Que ela descobriu que a vida, ao implicar a morte, e portanto o crime, vivia em estado de pecado.

Antes desse instante principal, o casal em questão, mas também seus predecessores desde milhões de anos, ancestrais que contam apenas porque não haviam descoberto o segredo da hominização, esses dois humanos, digo, sobre os quais quero contar, por minha vez, como e por que temos razão em chamá-los de nossos primeiros pais, participavam, na ilha do Éden, como em todos os lugares, de maneira ingênua, nativa, carnal, selvagem, arcaica, original, natural, vital, supralapsária... dessa existência primitiva na qual, caçadores e caças tão bem e como eles, o lobo come o cordeiro, o condor rapta a cabra, a tigresa caça a gazela... sem escrúpulos, onde as leis da selva obrigam a destroçar para comer ou a morrer como presa e comida, a matar o rival macho para cobrir a fêmea em seu lugar, a devorar seus filhotes para que ela retorne ardente, onde, sem consciência dessas leis, perfeitamente darwinianas, da adaptação, da seleção, do êxito do mais forte, da multiplicação da descendência, cada ser vivo as assuma na mais pura inocência. No começo, vivíamos sob essas leis, animais e homens antes do homem. O estado natural ao qual os filósofos políticos se referem, a natureza evolutiva, tal como os neodarwinistas a descrevem, nós os vemos dispostos na cratera de Ngorongoro, no *outback* australiano... Édens cujos jardins se perpetuam sob nossos olhos, territórios onde se dilaceram impecáveis matadores.

Enfim, veio uma mulher que convencionamos chamar de Eva. Numa revelação que se pode chamar de transcendente, e que eu não vejo como, admirador de sua genialidade, chamar de outra forma, ela se tornou consciente dessas leis aterradoras, do crime que se esconde no seio da inocência. Ela não pôde mais suportar esse paraíso, essa natureza, esse estado, esse tempo evolutivo, onde a morte faz viver a vida, onde a vida continuada necessita da morte que se dá. A hominização começa com essa intuição, essa revelação, essa queda, entenda-se com isso esse reconhecimento melancólico, desesperado, trágico de inevitável horror das leis que regulam menos o estado de natureza – imbecil oximoro que supõe um suporte estático de um estado que nunca teve lugar nem tempo enquanto nós vivemos no desequilíbrio continuado daquilo do que não cessa de nascer – do que a evolução natural. Desgostosa de matar, gritando de dor diante das necessidades que fazem sobreviver os seres vivos, em face da obrigação de se submeter a isso, nutrindo repentinamente a esperança insensata de desobedecê-la, a humanidade, nela, por ela, após ela, bifurcou-se bruscamente.

Imagino que Eva sonhou como Isaías: "Então o lobo morará com o cordeiro, o leopardo se deitará com o cabrito. O bezerro, o leãozinho e o gordo novilho andarão juntos, e um menino pequeno os guiará. A vaca e o urso pastarão juntos, juntas se deitarão suas crias. O leão se alimentará de forragem, como o boi. A criança de peito poderá brincar junto à cova da áspide, a criança pequena porá a mão na cova da víbora. Ninguém fará o mal nem destruição nenhuma em todo o meu santo monte..." (Isaías, 11: 6-9). Eva sonha com essa segunda inocência por ter considerado criminosa a primeira: aquela na qual o ser vivo, heterotrófico, se vê obrigado, para comer outro ser vivo, a primeiro ter de matá-lo. Para não matar um animal, Eva se contenta em morder a maçã. Dessa forma, ela perde a inocência dos outros seres vivos, assassinos impecáveis.

No próprio cerne da vida, o Éden continha o Mal, ligado àquela que o conheceu. Como um ramo brota do tronco, o humano sai de normas naturais e mortais na medida em que toma consciência das leis abomináveis da vida brutal. Ele emerge do ódio à morte e à violência que a luta pela vida carrega em si. Nossa mãe teve a coragem transcendente de se aproximar da vizinhança desse fogo, brilhante e escaldante, da maçã deliciosa e da serpente repugnante. Mato para comer; todos procuram me matar para pegar minha pitança, minhas fêmeas e meu lugar. Vejo-me obrigado a ceder a essas leis, naturais, mas acho-as atrozes e as concebo, quando a elas me curvo, ou um prazer perverso ou um desgosto nauseante, e então, uma culpa indelével... desejo pela maçã, veneno de serpente. O homem, em nós como em mim, nasce do salto para fora da inocência, fora da nudez dos matadores impecáveis: desse Mal que não tinha nenhuma existência antes de ser reconhecido.

Conto aqui, novamente, uma narrativa. Verdadeira? Essa história de Eva teve lugar e tempo? Uma vez ou mil vezes, ontem, há milhares ou milhões de anos, aqui ou em outro lugar? Ninguém é testemunha disso; eu a escutei somente ser lida ou recitada. Não a quero como a história, como dizem, nem exata experiência, menos ainda como rigor lógico. Entretanto, sua narrativa soa justa: densa de sentido, ela emana de um conhecimento profundo, da certeza irrecusável que não cessa, em nós, de concernir a vida: nós a conhecemos amável e detestável, boa e criminosa, suave e dura, bela e horrenda, inocente, culpada, entusiasmante, devastadora. Nós nos deixamos levar por suas leis necessárias e julgamos, então, nossos atos repugnantes. Posso eu reescrever o Gênesis em linguagem darwiniana? Sim. Não importa quem carrega o nome de Eva, heroína da narrativa; você, eu, nós, vocês, fêmea e macho, encontrando o pecado na inocência. Posso considerar verdadeira a minha narrativa? Viva, excitante, sobretudo heurística, ela abre o caminho para buscar mais adiante.

Assim, não posso mais não acreditar no pecado original, tantas guerras e assassinatos atravessaram minha vida, minhas lembranças de existência e de história, minha cultura, tantas centenas de massacres nos fizeram conhecer a abominação perene, não mais do estado natural, não mais apenas da evolução darwiniana, mas da história violenta que, carregando sempre o vestígio, permanece em estado desse pecado. Quantos se pretendem hominídeos e se deleitam, entretanto, ao se matarem uns aos outros, fingindo acreditar que essas matanças são necessárias, sem ter por vezes necessidade de comer. Creio no pecado original, na reprodução, incessantemente presente, de sua violência. Ele opõe ao mesmo tempo um obstáculo permanente ao processo de hominização, mas lhe permite uma retomada contínua, de tanto que se empenha na luta a ser conduzida sem trégua para afastar o terror, que nunca deixa de retornar. Creio, ainda, poder chamá-lo de original, porque dele se ergueu o hominiano: ao tomar para si a culpabilidade das leis, inocentes e darwinianas, da vida; ao sofrer por morrer; ao ter vergonha de matar; ao saber, no entanto, que não podemos viver sem comer, portanto, sem a morte, sem amar, sem, assim, correr o risco da rejeição, portanto sem ter um rival, portanto sem o perigo do assassinato... ao saber, por fim, que ele não poderia nunca mais viver sem lágrimas. Assim, ele nasceu inconsolável. Nossas façanhas – conhecer dessa forma as regras seletivas, Abel inventou a pecuária e Caim, a agricultura – e nossos prantos abundantes – o assassinato, porém, retornou entre seus irmãos – escoam da fonte do pecado original. Não podemos nos consolar com aquilo que nunca virá a ser o segundo sonho profético de inocência. Escuto Eva tremendo de soluços, assim como eu.

*

Então, expulso do Éden, deixando para sempre as duas inocências, a criminosa, de fato, e a pacífica, em sonho, o humano, de um só coração, amou e detestou a vida. Esse amor-ódio da natureza e da vida nos expulsou do paraíso. Eis aqui a bifurcação hominiana: queda e exclusão, queda do alto da inconsciência animal, expulsão da evolução da natureza onde matamos sem escrúpulos. O ramo da nossa espécie se bifurca a partir dessa distância para a natureza e para as leis da vida. Desde a tomada de consciência da morte, provocada por ela e seus massacres sangrentos, perdemos a inocência. O pecado original, no qual não podemos não crer, de tanto que ele se repete no decorrer de nossa história, tão complacente em contar a violência, tão persuasivo em achá-la necessária, de tanto que ele se repete no decorrer do tempo, nas relações coletivas, no próprio íntimo da nossa consciência, o pecado da violência jaz na mesma raiz da vida impecável. Ela nos obriga a nos alimentarmos, a nos reproduzirmos, a evoluirmos, e portanto a morrer e matar, ou pelo menos a matar para não morrer; tenho diante de mim, como objeto mais que verdadeiro, irrecusável, como problema mais que insolúvel, como emoção mais que perturbadora, essa mistura de horror e atração, temos como horizonte o amor-ódio e a vida-morte. O primeiro conhecimento, prévio à verdade, a revela sobre a árvore nas bifurcações. O próprio Darwin a conheceu e, diante dela, ele também se comoveu.

A página precedente conjuguei-a de bom grado misturando livremente diversos sujeitos: eu, tu, nós e o homem, todas na primeira pessoa. Narrativa subjetiva, coletiva, cognitiva e objetiva. Quem teria hoje, por exemplo, a audácia ou a inocência de declarar que o homem nasce bom e que a sociedade o perverte? Não creio em minha bondade natural nem, me perdoe, na sua, mesmo amando você, porque ouvi o gênio dos seus furores; ninguém crê mais na bondade de nenhum coletivo – cite uma sociedade que tenha conseguido manter sua história sem crimes? –, nem na do homem em geral, a não ser naquela desses inocentes assassinos supralapsários, que não sabiam o que faziam... para tornar responsável pelo Mal a malignidade de tal indivíduo ou da sociedade, ainda que as relações humanas combinem e multipliquem aquela que uiva em cada um de nós. Não creio então que o Mal provenha de um desses sujeitos, eu, você, ele, nós, vocês, à exceção dos outros, inocentes, nem, no limite, que ele venha de todos. Nem do diabo à exceção de Deus. Nem de Deus. Ele vem da vida.

Outrora e recentemente, os filósofos construíram um tribunal para comparar esse ou aquele, responsável pelo Mal. Não encontro, a meu ver, nenhum sujeito culpado. Ou, de certa maneira, acho, a meu ver, todos os sujeitos culpados, aí me incluo, pois todos os sujeitos nasceram da culpabilidade, do conhecimento evidente do estado primeiro de inocência, como estado criminal. Creio no Mal objetivo. Ele emana da vida, da evolução, das leis biológicas, da seleção dita natural, da morte constante que implica a perpetuação dos seres. Como a chuva, o vento, a neve, a tempestade e a canícula, a vida e suas leis permanecem inocentes, no jardim do Éden, como no deserto de Gobi, enquanto não encontram um sujeito qualquer, a Eva conhecedora, por exemplo, sujeito que nasce desse encontro e do sobressalto de amor e do soluço de horror que ela ou ele enfrenta diante da vida e de suas leis. Creio então no Mal objetivo, subjetivo e cognitivo. Esse sujeito recém-nascido não quer mais morrer nem matar; no entanto, ele deve, se quiser sobreviver. Ele recua aterrorizado diante dessas contradições, diante desse acaso e dessa necessidade.

Esse recuo, esse afastamento, essa queda, essa expulsão da inocência, eis o ramo, a bifurcação hominiana. O indivíduo, o grupo, a espécie, eu, nós, todos... nascemos aqui, humanos. De toda necessidade, devo, devemos negociar incessantemente com a violência e a morte, da mesma maneira que todo ser vivo deste mundo, mas choro, nós gememos, me contorço de dor, nós uivamos de culpa... por fazê-lo: o homem nasce da violência que comete e que sofre. O sujeito nasceu daí. Não matarás mais. Em face do Mal de viver, mergulhado, mãos e pés atados, na malignidade, na perversidade de viver, o homem universal começa, em todas as ilhas-Édens disseminadas do Eufrates ao Garona e do Ganges ao Orenoco, com esse duplo sofrimento vivido de forma sincrônica e em tempo real tanto pelo indivíduo quanto pelo coletivo. Ele emerge das angústias do *eu*, do *você* e do *nós*.

No mais, em face desse novo sujeito, o objeto, de novo propriamente humano, provém também da morte, recebida ou concedida. O afastamento da lei da vida forja certamente o sujeito, enquanto o ser vivo executa esse afastamento; e esse sujeito forja o objeto, pois, diante de mim, diante de nós, diante do homem, jaz o primeiro objeto, cadáver sem nome.

Devo esclarecer esse afastamento, que a tradição bíblica qualifica de queda ou pecado original. Essa bifurcação afasta os homens da inocência das plantas e dos animais. Do fato, patente, de que admitíamos o darwinismo científico e que repelíamos horrorizados o darwinismo social, não devemos ver uma prova que nós distinguimos, com tanto desgosto quanto clareza, o afastamento que separa a lei necessária que domina a vida, da liberdade, salvadora e frágil, da história humana? Não, não nos submeteremos às leis da selva.

Entretanto, por que dizer queda, já que, ao contrário, o dito pecado suscitou o homem fora do bestial, enquanto a dita inocência livra a planície e a floresta de todas as crueldades, do banho dos animais no sangue? Porque, ao se afastar da matança pura, a cultura que induziu a queda qualificou essa morte de impura. Eva achou imunda a lei do assassinato. O homem nasceu da morte emporcalhada. O ser humano emergiu de se achar sujo pela morte, infectado pela violência. Não digo que a cultura irá ignorar a matança, mas, ao menos, matar lhe colocará uma questão: quem, então, a fará? Deus, sem dúvida, pois Deus diz: Caim, onde está seu irmão Abel? Será preciso responder; quem deverá responder? O termo de responsabilidade vem dessa questão. Eis-nos, nesse sentido, responsáveis pelo Mal, pois somente nossos olhos, somente nossa alma recém-nascida o viram e o leram na inocência dos assassinos sem alma, nem olhar.

Esse afastamento, essa bifurcação teve lugar, sempre tem lugar, aqui e agora, sob uma emoção que perturba como uma onda potente. Ela recai em meu estômago como sobre o útero de Eva. É preciso essa tempestade patética para que a hominização comece, para que se formem os sujeitos, se forjem os objetos, cujas relações se desenvolverão e darão início a conhecimentos. Essa emoção, ao lado da qual qualquer outra paixão me parece fria, se desenvolverá e dará início aos prazeres sádicos, às misericórdias sobrenaturais, às crueldades sem precedentes dos animais, às caridades cujo estado de inocência não conheceu a menor extensão. O homem se metamorfoseará em tirano abominável e doce humanitário; ele correrá em bandos de piratas e em ordens pedintes; viverá o sexo carrasco ou os sublimes amores; sofrerá a mistura trágica do Bem e do Mal, tão frequentemente indissolúvel. Os conhecimentos mais refinados não nos salvam dessas atrocidades, pois elas se formam e se forjam juntas. O motor permanente de nossos desenvolvimentos permanece nesse afastamento em relação à evolução que não devemos parar de aumentar, esse abandono às leis mortais da vida, mergulhado numa recusa horrorizada em segui-las: as culturas se constroem negociando sem parar a confusão originária e inominável da violência atroz e do amor universal.

O processo de hominização necessita apenas, para se tornar claro, das leis darwinianas e do seu súbito retrocesso nos gestos de um sujeito, nascido bruscamente na ciência de sua crueldade, nascido bruscamente da consciência de sua abominação. A Grande Narrativa conta a bifurcação de nosso ramo, mas muitas narrativas religiosas também a dizem e tentam lhe dar razão. Compreende-se facilmente que certas religiões tiveram em determinado momento horror a essas leis, pois o homem, não posso parar de repeti-lo, nasceu da separação em meio à obediência, pois o homem nasce permanentemente da dor que sente ao fazê-lo. O homem se afasta da evolução. O próprio Darwin pensou isso, o notou, o conheceu, o sustentou, lamentando. Sem esse afastamento, o hominiano não teria podido nascer, não teria podido conhecer, não teria podido pecar nem se apiedar. Separo-me das leis da vida, por isso me desespero e tremo de alegria. Abandono as leis da vida e, então, livre, ajo e escolho. Eu me afasto das leis da vida e, então, penso e conheço. No começo e em tempo constante, ação e pensamento se misturam indistintamente nesse afeto perturbador. Eles se fundem nele. Morrerei inconsolável.

Esmiuçando alguns episódios, como o jardim do Éden, a queda e a exclusão, o assassinato de Abel por Caim... o Gênesis conta, de maneira delicada e forte, esse afastamento brutal em relação às leis evolutivas que fizeram de nós os homens que não cessamos de nos tornar. A narrativa religiosa se aproxima mais do que podemos crer da ciência e de sua Grande Narrativa; e quando a religião se opõe ao darwinismo, ele e ela ignoram que ela o confirma, e vice-versa. Essas lutas incitam os mais tolos entre os que preferem o conflito ao pensamento, a cólera à invenção.

Ao se opor às leis da vida, o homem também nasce conhecedor dessas leis. Desejoso de se libertar das regras da selva, o homem acaba por conhecer as leis darwinianas da evolução. Carregamos nos ombros as leis da inocência darwiniana, obedecemos a elas, mas com tanta vergonha, tanta culpabilidade que nos bifurcamos bruscamente dos cinco ou sete reinados vitais. Não viveremos jamais como seres vivos inocentes. O darwinismo social nos conduziria à inocência bestial de monstros sedentos de sangue; aplicado, ele precipitaria a humanidade, doravante munida de armas globais, na erradicação. Se reduzíssemos nosso afastamento, se retornássemos às leis da vida, por exemplo, à eugenia, não sobreviveríamos mais, pois a inocência supõe a ignorância. Não podemos mais não conhecer; o saber se torna a condição humana. Reconheçamos, enfim, como as raízes do saber se avizinham daquelas do Mal.

A queda ou o distanciamento abrem um espaço fora da vida, ao qual são dados diversos nomes: coletivo, para as culturas; subjetivo, para a consciência; cognitivo, para a mente e o conhecimento; objetivo, para a ciência... ou, ainda: pensamento, liberdade, humanismo, ética, espiritualidade... Pouco importa a denominação desse mundo novo; trata-se simplesmente de vê-lo se abrir, de mantê-lo aberto. Temo por vezes que ele se feche, tanto que sofremos a deliciosa tentação de voltar às leis da vida, de recair nelas, de reincidir, de nos deixar levar por elas. Devemos recomeçar todas as manhãs o processo de hominização, a abertura do afastamento. Sim, devemos em tempo real deixar a vida ao mesmo tempo que permanecemos nela; odiar a vida continuando a amá-la; negociar sem cessar uma mistura doce-amarga, extática e dolorosa, de assassinato e de cozinha, de risos e de lágrimas, de violência e de paz arduamente adquirida, da inocente selvageria e da cultura refinada, um dos dois atrativos nos separa do outro, mas sempre mergulhado no outro.

Do neolítico e de hoje mesmo data uma segunda etapa, aquela de autoevolução: nosso tímido domínio contemporâneo das leis da mutação se segue diretamente de outro tímido domínio de leis seletivas, pela agricultura e criação animal: Caim, agricultor, e Abel, pastor... figuram juntos esse começo, antes da alternância de hoje. Não somente sabemos contar a Grande Narrativa, mas, conhecendo a dinâmica dupla da evolução, agimos na seleção e na mutação. Para além da história, mais uma vez colocada entre parênteses, nós reatamos os laços com o neolítico, com essa origem que estou narrando.

De certa maneira, repetimos, ainda aqui, o início da hominização que acabo de tentar descrever, cuja data antiga repercutiu, como em harmonia, com esta outra, longínqua e próxima ao mesmo tempo. Fechando um círculo fantástico, voltamos ao princípio, quando ancestrais inimagináveis cumpriram esse afastamento em relação à evolução, nos levando a mantê-lo, ainda que nosso destino tenha permanecido ligado a essas leis. Pois hoje, reatando com os gestos ancestrais dos inventores da agricultura e da criação animal, completamos, mediante o controle sobre a mutação, seu controle da seleção. Ao nos tornarmos homens, tínhamos deixado a evolução, ainda que permanecendo a ela colados; nós a deixamos uma segunda vez, objetivando-a nas técnicas. Na segunda geração, nossa genética revisita o Gênesis.

Os organismos geneticamente modificados, a clonagem, as nanobiotecnologias, o perigo da eugenia...

trazem angústias tão pesadas quanto a emoção que acompanha o pecado original. Tenhamos a coragem de propor essa comparação: nós injetamos conhecimento e violência no processo de nascimento. Novamente se encenam a origem do homem, aquela dos seres vivos e sua evolução ramificada. Nós nos afastamos uma segunda vez da evolução natural, de uma maneira "natural" de nascer, deixamos a inocência reprodutiva, a loteria do acaso da "natureza", das tradições milenares. Nossos sucessores dirão mais tarde que hoje nós também abandonamos o paraíso?

Já afastados pelo sangue derramado pelas mortes causadas pela seleção, caça, cio e competição, percebendo esse sangue como criminoso e aquele que o derrama como pecaminoso, nós nos afastamos atualmente, manipulando a mutação, do laço de sangue e dessas linhas genealógicas, nos tornamos todos, pouco a pouco, pais adotivos.

O humanismo supõe que nós conheçamos o homem. A partir de agora, podemos contá-lo, do início. Narramos facilmente sua origem africana, suas aventuras no mundo inteiro, seus diversos hábitats. Porém, não fazemos apenas o que faz a literatura, também analisamos e podemos combinar os elementos que constituem o homem. Nós sabemos responder duas vezes, em narrativas e em equações, à questão: de onde viemos?

Se "natureza" significa o que vai nascer, então podemos dizer pela primeira vez que nós conhecemos a natureza humana. Nós a conhecemos não só no tempo da narrativa evolutiva, como também naquele de sua constituição. Nós sabemos onde o homem nasceu, de onde partiu, quando e como deixou esse berço, por onde passou, por qual caminho se dirigiu, onde se instalou. Primeira narrativa, a grande, da qual disse, no prefácio, alguns fragmentos. Acabo de contar aqui como, a partir das leis da evolução, ele se tornou o homem que conhecemos. Eu diria com prazer que minhas narrativas são irônicas, capazes de levar a paz nas batalhas inúteis.

Sabemos, porém, e de maneira prática, a partir de quais elementos o homem se constituiu e se desenvolveu, como todos os seres vivos. Outra e mesma narrativa, aquela das ciências mais exatas. Graças a ela, nós podemos tocar esses elementos. E se saber quer dizer poder mudar, nós podemos enfim mudá-la, se quisermos. Podemos fazer com que o homem nasça como todos os seres vivos. Nós o fizemos nascer uma primeira vez, como contam os paleoantropólogos; fizemos uma segunda vez, quando o arrancamos da evolução;

podemos fazê-lo nascer hoje, pela terceira vez. Ele nascerá talvez desse novo poder e dos problemas que ele coloca, do afastamento que adotaremos diante dessa possibilidade. Conhecemos, repito, a natureza humana no sentido em que a palavra natureza designa nascimento: nascemos de uma mutação de DNA; nascemos na África; nascemos, no Éden, do sofrimento e da recusa da violência exigida pela vida; nascemos da cultura e da fala; nascemos do conhecimento e da vontade livre; vamos provavelmente nascer da técnica.

Por todas essas razões, o humanismo acaba de nascer. Volto a dizer, para lá da história que não nos ensina aprendemos quase nada útil sobre essa questão, ele nos conduz a todas as nossas origens: bioquímica, paleoantropológica, evolutiva, técnica... "naturais" e culturais. Isso não significa de forma alguma a felicidade sobre a Terra, mas a abertura para uma nova conquista, para uma nova luta contra um futuro estranho, tão estranho quanto aquele que se abriu para Lucy ou uma de suas semelhantes; tão estranho quanto o que se abriu para Adão e Eva, quando seu primeiro afastamento fez com que eles deixassem o paraíso da inocência criminosa e "natural", para se lançar num mundo desconhecido e livre; tão estranho quanto aquele que se abriu diante de Abel e Caim, o santo e o assassino, quando dominaram pela primeira vez a agricultura e a pecuária.

Não sabemos aonde vamos, mas pela primeira vez sabemos realmente de onde viemos e às vezes por quê. Detemos ao menos um saber cuja segurança nos permite perceber que a violência e a morte não cessarão nunca de nos acompanhar nessa nova trilha de árduo traçado, entre e contra elas duas, na direção da vida e da morte.

Fábulas: versão grega

Com o vento a favor e mar calmo, eles navegavam por longos dias em meio ao mar interior quando, numa manhã qualquer, o vigia anunciou terra à vista. Ulisses, o comandante, não acreditava em seus olhos e nem em seus ouvidos, nenhum marujo jamais assinalara uma ilha nessas paragens. Entretanto, uma ponta rochosa tremia sob o sol, no horizonte. Orientando as velas e se deixando derivar, lançaram a âncora numa enseada de areia negra. A tripulação desceu a terra para explorá-la, sob o comando dos oficiais a bordo.

A ilha pertencia a uma mulher, Circe, a feiticeira, que tinha o nome do falcão que voava sobre suas presas, em círculos, como num circo. Ela os recebeu em sua residência e lhes ofereceu, para celebrar a acolhida, uma bebida com gosto estranho. Embora a bebesse, contando à anfitriã suas viagens a terras inabitáveis,

Ulisses permanecia estável sob a forma humana – ele havia recebido de Hermes um remédio que o protegia de qualquer veneno –, enquanto seus marinheiros, sob o efeito de uma poção que lhes transmitia a doença rodopiante, se transformavam em porcos. A língua diz muito bem: eles viraram porcos.

Assim canta a *Odisseia*. Mas Homero compreende mal e não termina a narrativa. La Fontaine a retoma e continua, traçando um segundo círculo. Ulisses se vangloriava então de seus feitos, enquanto seus marinheiros, sob o efeito de uma poção que lhes transmitia a doença rodopiante, transformavam-se, segundo sua *Fábula*, em gaivotas, serpentes, um em lobo, outro em leão feroz; toda uma coleção de animais escapou rapidamente da morada para invadir a ilha, as águas e o ar. O chiqueiro virou um jardim zoológico. A cada um seu próprio animal.

Ulisses permaneceu tal e qual. Alto, de ombros largos, bom contador de histórias e olhos luminosos, ele se pôs a agradar a solitária. No passar das noites que se seguiram, ele se revelou um amante útil. A encantadora foi encantada por essa companhia e pouco a pouco começou a imaginar que não podia mais passar sem ele. Astuto, como grego, ele intuiu isso. Assim, numa dessas noites doces em que os amantes se embriagam com conversas e carícias, ele acabou por confessar à amante que se entediava com a forma de seus companheiros e que gostaria de voltar a vê-los na forma primitiva de homens. Apaixonada, ela aceitou, mas com a condição de que Ulisses lhes perguntasse se de fato eles queriam retornar da metamorfose, ou seja, que eles estivessem livres para decidir.

Então, Ulisses começou por ir ver o leão, que lhe respondeu: "Você está zombando de mim. Rei dos seres vivos, sem rival nem predador, devoro quem eu quero; envio minhas leoas à caça; tudo que se move se inclina diante de minhas garras e agoniza por meus rugidos. Por que eu me deixaria transformar novamente em obediente marinheiro, me arriscando nos ventos de través, maldormido, malnutrido, servo?" Do mesmo modo, foi consultar a gaivota, que lhe respondeu: "Está brincando? Eu voo, contemplo a terra e as praias do alto, frequento as zonas supremas do ar, alimento-me à vontade daquilo que nada, deleito-me ao mergulhar como um raio sobre minhas presas. Você pode acreditar que eu jamais aceitaria voltar a ser escravo, a içar velas sob apitos." Assim, foi questionar o cervo, que lhe respondeu: "Você quer rir. Eu domino as florestas de minhas galhadas e dez gazelas com meu sexo; corro pelas matas; consigo despistar, velozmente, matilhas de trinta lobos babando no meu encalço. Não, a vida selvagem me deixa muito mais feliz do que o mal do mar a bordo." Com isso, o comandante se esgotou, de tantas maneiras, propondo a mesma liberdade à aranha, ao javali, à víbora, à carpa e mesmo o verme da terra... Todos, sem exceção, lhe responderam que prefeririam permanecer como estavam. Solitário, ele retornou à casa de Circe, desapontado. Ela ria.

La Fontaine, maduro, se detém aí, compreendendo um pouco melhor a história, mas ele também não a terminou. Certamente, por terem absorvido a poção de Circe, os marinheiros se tornaram, nessa fábula, cigarra e formiga, corvo e raposa, lobo e cordeiro, leão e mosquito... Por sua vez e ainda mais encantador do que a feiticeira, La Fontaine metamorfoseia os porcos de Homero em todos os animais das *Fábulas* de Esopo e das suas próprias. Seu quase último poema, o último livro, o décimo segundo, no qual ele faz assim variações sobre a história homérica, parece tirar uma moral de suas fábulas anteriores, mostrando com qual facilidade encantada os homens vestem a pele dos animais, mas quantos, ao contrário, têm dificuldade em se livrar desse invólucro da espécie. Veja o quanto eu tenho razão, ele parece dizer, de me dirigir à sua natureza comum de raposa, garça, cegonha ou pomba, em vez da sua raridade de homem! Sua liberdade consistiria em se libertar dessa bestialidade, tão compartilhada, a se liberar enfim de minhas *Fábulas*.

Como ele não diz isso, retomo a narrativa, traçando um terceiro círculo, para tentar concluí-la em seu lugar. Circe, rindo, diz então a seu amante contrariado: "Para transformar seus marinheiros em animais", disse ela, "bastou estimulá-los; eles retornariam por si sós, por vontade própria. Nenhum segredo se esconde em minha poção; você pode dar-lhes água pura; quem a beber logo se tornará tubarão, sapo, urso, abutre ou lobo. Basta esperar: o tempo e a idade os transformam assim. Envelhecem dingos; elas morrem pavão."

Envergonhada por parecer moralista, a feiticeira parou o discurso cujo cinismo afastava de seus braços o amante, pensativo. Na noite iluminada e diante do mar amargo e seu sorriso infinito, Ulisses compreendia pela primeira vez esse estranho episódio de sua *Odisseia*: como num jogo da glória, sua nau acabava de afundar, corpos e bens, no poço comum da animalidade. A tripulação e ele deveriam partir do zero, recomeçar o jogo da vida e da evolução? Ele media a atração bestial irresistível que inverte nossa errância em direção ao homem, que nega, freia e contraria os avanços da pedagogia, cujas linhas ele escrevia sobre as ondas divinas.

Eu insisto: de um peso imenso, a memória da carne viva nos conduz energicamente para milhões de anos atrás; descemos com facilidade a árvore das espécies da qual emergimos com tanta dificuldade. Quem tem a sorte de viver homem, morre muitas vezes inseto seco ou polvo sovina; cada um morre de seu próprio animal. Mas a metamorfose direta, o devir-homem a partir do animal, que ascese, que ascensão! Numa vida, como chegar a percorrer, por si mesmo, o caminho da "hominização" que, por milhões de anos, atravessou caça e violência, fome e deserto, mar e sede, suor e trabalho, exercício e piscina, coragem e estaleiro, aprendizado, escola, inteligência e ciência... mais a adaptação ao outro, na cama? Quem não preferiria receber, de uma vez por todas, garras e presas, inocência e dominância, estações designadas aos amores?

Sim, a lenda de Ulisses e de seus companheiros, caídos no poço dos animais, e diversificada tão inteligentemente por La Fontaine em sua fábula, mesmo que este não a tenha terminado por completo, encontra, aqui e enfim, um fragmento maior da Grande Narrativa, que, ele mesmo a precede, a prolonga, lhe dá sentido e a continua: leia nessa história, surpreendentemente conservada de geração em geração, de língua francesa em grego e de escrita em tradição oral, a longa e difícil paciência da hominização, avalie o quanto custa nossa emancipação em relação às origens evolutivas e a gratuidade fulminante da recaída. Quão inútil e nocivo se revela esse verbo ser na questão: o que é o homem?, já que não paramos de avançar em direção a ele, dolorosamente, e de retomar, bruscamente e de boa vontade, o caminho do animal.

Uma repentina bifurcação me faz pegar a tangente para finalizar: se cada fetiche mostra como um homem ou uma mulher lutam, vitoriosamente ou em vão, para emergir do animal intimamente misturado em seu corpo, esse conto narra a integralidade dos fetichismos sem falas. Eis aqui.

Fetiches: versão antes de toda escrita
Serpente emplumada em rosto de idoso, Quetzalcoatl exprime, antes de nossos darwinismos, a ideia de que os pássaros saíram dos répteis e que o *sapiens* evoluiu depois? Em um bloco único, essa quimera amalgama uma contagem do tempo das espécies? A pirâmide asteca traça assim uma escala temporal, um resumo da evolução? Esse surgimento vertical do vivaz em sua longa duração mostra aqui na Tenochtitlán devastada que, independentes de nós, as civilizações que destruímos conheciam a vida evolutiva melhor que nós e antes de nós?

Deitado de barriga para baixo, as quatro patas dobradas, eis o touro; como esse animal da terra também pode ser dotado de uma cabeça de patriarca barbudo? Fazendo crescer asas em suas costas. Assim, ele poderá voar, gradativamente, para o templo, transpor seu limiar, subir ao altar e, recolhido, se metamorfosear em *sapiens* ou sábio. *Introibo ad altare Dei*. Diante dos zigurates mesopotâmicos, o ancestral dos querubins, esse *kerub* de três partes de corpos, quadrúpede, volátil e humano, figura a mesma evolução na imobilidade: para ir dos cascos ao pensamento é preciso duas asas pelo menos; para transmutar um bovino num sábio meditativo é necessário passar pela águia. Então, tal como ele, você e eu, transportados pelos ares, por cima de sua porta, iremos a seu templo adorar o Eterno. Como essa quimera também guarda o acesso a um lugar sagrado, outrora, nós não tínhamos qualquer dificuldade em decifrar o sentido mediante imagens, interpretações, símbolos... religiosos. E falávamos cegamente de fetichismo, de politeísmo, de ídolos, como no caso de Quetzalcoatl.

Sabíamos claramente o que estávamos dizendo?

Recentes, essas duas representações evolutivas lembram uma arte rupestre mais antiga: no paleolítico superior, há cerca de 20 mil anos, o famoso bruxo da gruta dos Trois-Frères, em Ariège, na França, já ostenta uma cabeça de rena; em Lascaux, alguns Cro-Magnons pintaram, na cena do poço, um outro corpo de homem com cabeça e bico de pássaro. As gravuras da África austral que representam dualidades similares, metade humanos metade animais, datam de 30 mil anos. Certamente, não sabemos interpretar tais enigmas: símbolos ou ritos? Porém, compreendemos melhor astecas e assírios?

Que a perspectiva se inverta: ao invés de contar que uma religião qualquer, fetichista, politeísta, pagã, que mais sei, venera essas misturas de bestas e humanos, as respeita, ora por elas – repito isso, quem compreende verdadeiramente essas afirmações? –, digo que essas estátuas imobilizam a evolução do animal aos homens e que esse processo de hominização passa pela religião.

O fetichismo venera as quimeras? Por não entender nada dessa questão e não saber lhe dar resposta, eu prefiro sugerir que tal religião permite a evolução, assim representada, da besta ao humano. Na verdade, essas estátuas não guardam nem coroam um edifício político, judiciário nem teatral, mas uma construção onde o sagrado dá o sentido dos atos e das condutas. Quem entra em Lascaux sente imediatamente a intensa emoção proporcionada pelo templo, respeitável, de uma religião desconhecida; certos paleontólogos a chamam de Capela Sistina da Pré-História. A metamorfose aqui representada conduz à piedade? Ou, ao contrário, se torna um meio, o motor, a condição da metamorfose?

Então, sim, a serpente se cobre de plumas antes que esse pássaro, vertebrado, se hominize e o touro se torne águia para que esse quadrúpede, mamífero, se humanize. E essas duas transformações acontecem somente aqui, acima, diante ou dentro de um templo. Elas não vão em direção ao sagrado, mas o sagrado as torna possíveis. Sem o religioso, a passagem evolutiva do animal ao homem não teria podido acontecer. Sabemos disso pelo menos desde o Cro-Magnon. Em todo caso, eis a esfinge, real e concreta, imóvel e petrificada, do processo de hominização. Esses animais evoluem em direção a sua cabeça.

Tanto a oeste quanto a leste, independentemente, pirâmides, templos, escadarias de acesso, estátuas e tabernáculos... sobem em direção vertical para comemorar o maior evento que jamais teve lugar e tempo, para nós, neste planeta. Como um touro, uma serpente, voador, águia... um pássaro, um cervo... evoluem lentamente para a sabedoria?

Não, o enigma da Esfinge ainda não revelou seu segredo. Dele só conhecemos a metade. A narrativa diz, de fato, que Édipo assim respondeu à tripla questão que lhe fez o monstro, perguntando qual ser tem sucessivamente quatro, dois e três pés: o homem. A mesma narrativa acrescenta que, depois dessa solução, a Esfinge se matou e que Édipo seguiu seu destino. Repetimos tolamente a palavra homem e cremos, como ele, deter a solução. Mas por que a quimera teria se matado?

A chave definitiva do enigma reside na própria narrativa que, do animal questionador, meio humano, mas próximo de sua agonia, vai em direção a esse sobrevivente, partindo de nova vida, separada de sua metade animal, única, enfim descolada. Como nomear esse movimento da morte animal para uma partida exclusivamente humana senão como libertação, senão como hominização? O duplo fetiche acaba de dar à luz o humano. Depois desse nascimento, ele expira e desaparece.

Dessas representações em forma de estátuas mudas se extraem a fala, sim, essa narrativa mostra o encontro entre Édipo e a Esfinge, que simula, simboliza, conta, revela, comemora, encoraja a passagem entre o bípede e o animal Esfinge de quatro patas, seu ancestral darwiniano. Disso, sai, nasce, se liberta o homem. E eis outro lado do segredo: o religioso banha essa narrativa, mítica; pelo menos um arcaico tão sagrado que a morte não o pode deixar.

*

Do mesmo modo que, em La Fontaine, *O lobo e o cão* conta o processo de domesticação — como, de predador a parasita, *Canis lupus* se torna *Canis latrans*? —, os fetiches duplos metade animal metade homem contam o processo da hominização. Neste último, homem e animal permanecem unidos; no primeiro, dois animais bifurcantes se separam e correm à parte, tal como Édipo se liberta da Esfinge. Profana e falante, a fábula segue o mito mudo, estatutário e religioso. A domesticação data de uma época mais recente que a hominização. Longe de crer na fala de animais eloquentes nas *Fábulas* ou de observar as imagens e as estátuas-fetiches, eu os vejo evoluir sem qualquer transição. Trata-se menos de deuses do que do processo que só um êxtase torna possível.

Essas quimeras mostram a saída progressiva e árdua do estado animal. Só conseguimos nos extrair dele a duras penas. Emergindo lentamente, o humano permanece colado a ele. Infelizmente, ainda parecemos com a Esfinge, com a serpente de plumas, com o touro-*kerub*, com os animais falantes da fábula, com esses seres vivos com chifres e bicos de pássaros pintados na idade das cavernas... muito mais do que com nosso herói tebano. Os deuses-fetiches compósitos do presidente

De Brosses, os monstros cruzados do Egito antigo, todas essas quimeras da Assíria ou do México, as aparições perturbadoras de Lascaux... celebram assim com frequência antes da escrita, numa atmosfera sagrada, a operação de desligamento pela qual abandonamos e deixamos continuamente as espécies. Eles mostram, em efígie, a origem da desespécie. Como pudemos e como ainda podemos desatar esses laços ou dissolver essa colagem? Com a ajuda do religioso? Recairemos, sem ele? Como quebrar nossas cadeias de ossos, de cartilagens, de reflexos, de programação, de automatismo genético? O religioso nos desprogramou? Sua chama nos fez incandescentes?

Lenta e gradual, a ruptura com o mundo animal e, mais genericamente, natural, seguida da entrada nos possíveis culturais, concerne ao programa de fato. A ligação de um ser vivo com as coisas do mundo depende de sua especialização, de sua diferenciação. Nós nos tornamos culturais a partir do momento em que tornamos mais leve essa determinação. Nós nos desligamos, nos desprogramamos. O autômato genético se encaminha em direção à aprendizagem. Esse processo começa desde o mundo animal, daí a longa colagem. Ainda em vias de hominização, em vias mesmo da autoevolução, não paramos de nos desespecializar, de nos desdiferenciar, de nos branquear, incandescentes. Tal espécie elege um detalhe no meio ambiente e a partir dele adquire funções perfeitamente adaptáveis que, em contrapartida, lhe permite escolher melhor ainda esse detalhe. Romper essa ligação cerrada deixa essa circunstância ao conjunto. A planta ou o animal escolhem entre as coisas do mundo. Ao se universalizar, o homem se insere no mundo.

Nós não paramos de nos branquear; ainda não incandescentes, sempre um pouco sujos, amarelo-camurça, não cessamos essa limpeza progressiva, caoticamente escandida em recaídas no esgoto; touros, tentamos nos desvencilhar da grama e da fúria vermelha; serpentes, de nosso veneno; águias, de nossos cordeiros; e as três de pelagens, escamas, penas, chifres, bicos. Separados dos animais, vivemos ainda com eles e fora deles; eles nos assombram, embora nós tentemos longe deles. Nossa pele se despe de seus pelos, nossa boca remove a mordaça de suas presas, nossa mão se despe das luvas de garras, continuamos a fazer as primeiras travessuras, para nos esfolar vivos, como as vítimas de Xipe Totec.

Veja, na passagem, como de novo, desde essa mesma origem, os objetos técnicos equipam os corpos, parte após parte. Aqui, o vestuário· o horrível sacrifício asteca escalpela a vítima humana para que o sacerdote vista essa máscara ou esse chapéu; ele a retira e se cobre com a pele, como um manto. Passando ao sacrifício animal, Hércules corta, do mesmo modo, a pele do leão de Nemeia; vestido de uma pele que dá medo, ele passa por forte e terrível, fetiche ou estátua leonina, perante a cegueira dos imbecis, pois sabemos que está nu por debaixo, como todos nós. Esse despojamento, que é também um esfolamento, em direção à incandescência produz a hominização, assim como o fazem as técnicas, aqui vestimentais, teatrais ou de mascarados. O humano não para de se desnudar. As técnicas se seguem desse mesmo equipamento. Todo o corpo pode sair do corpo inteiramente, sob a forma de estátua. Como não pude ver, outrora, esse processo artístico de saída? Saímos dos fetiches, os fetiches saem de nós.

Não ficamos de pé de uma hora para outra, não falamos do dia para a noite, não fabricamos ferramentas em um minuto, esperamos mesmo milhões de anos para chegar à arte rupestre, à geometria, a um conhecimento da vida, vivemos ainda longe da sabedoria, quem de nós conhece o amor? Mas nos lançamos, nos atiramos no mundo ou o mundo veio e vem a nós na sua globalidade: menos o luto do outro do que a morte; menos essas pedras do que o objeto; menos hoje do que o tempo, e menos você do que o outro; menos aqui do que o horizonte... em suma, a perturbadora totalidade. Enquanto a espécie estaciona na sua diferença, nosso gênero se hominizou ao se abrir, em êxtase, ao universal, ainda que ele explodisse em subfamílias culturais. Nós nos consagramos a tais artes, a essas ferramentas ou a determinada língua, nos separando das especialidades animais a partir desse êxtase.

A hominização precisa disso em tempo real, todos os dias e neste próprio instante. A libertação do animal não prossegue sem ela. Está intimamente ligada ao religioso que só sumirá na manhã prodigiosa em que nos tornarmos enfim homens. Mas não é para amanhã. A religião da minha cultura chama esse instante terminal: ressurreição da carne. Então, sob o ressoar dos címbalos e o retumbar das trompas, nós nos tornaremos homens, entrando em nossos corpos gloriosos, libertos do frêmito apocalíptico dos animais.

Quando, entre seus leitores, editores ou tradutores, um autor busca uma reputação de seriedade e honestidade, ele multiplica, em suas obras, as notas de pé de página e acrescenta a elas, ao fim, uma enorme bibliografia munida de um índice.

Ora, há anos basta inscrever qualquer palavra de qualquer livro num mecanismo de busca para obter, na Tela, todas as informações do mundo sobre todas as questões que se ligam a ela. A internet faz a soma de todas as notas possíveis e toma o lugar delas.

No decorrer de suas viagens, você cem vezes observou que os hotéis pedem a seus clientes que economizem toalhas de banho pelas louváveis razões da ecologia. Ao remeter a esta integralidade de qualquer documentação e ao me privar dessa publicidade, tento, desde que escrevo, economizar papel.

Impresso no Brasil pelo
Sistema Cameron da Divisão Gráfica da
DISTRIBUIDORA RECORD DE SERVIÇOS DE IMPRENSA S.A.
Rua Argentina 171 – Rio de Janeiro, RJ – 20921-380 – Tel.: 2585-2000